LITERATHEK

1915

metaphorisch

Herausgegeben von Florian Radvan und Anne Steiner

Franz Kafka

Die Verwandlung

Bearbeitet von Daniela A. Frickel
und Thomas Mayerhofer

LITERATHEK

Cornelsen

Literathek

Franz Kafka **Die Verwandlung**

Redaktion Christine Hehle, Wien
Layout und technische Umsetzung Buchgestaltung + Berlin
Umschlaggestaltung HOX designgroup, Kay Bach, Köln

Bildquelle Franz Kafka (Fotografie, um 1917)
akg-images (S. 6)

www.cornelsen.de

1. Auflage, 4. Druck 2021

Alle Drucke dieser Auflage sind inhaltlich unverändert
und können im Unterricht nebeneinander verwendet werden.

Druck: H. Heenemann, Berlin

ISBN 978-3-06-068000-9

PEFC
PEFC/04-31-1156

PEFC zertifiziert
Dieses Produkt stammt aus nachhaltig bewirtschafteten Wäldern und kontrollierten Quellen.
www.pefc.de

Inhalt

Kurzbiografie

Franz Kafka

Franz Kafka (Fotografie, um 1917)

»Prag lässt nicht los. Uns beide nicht. Dieses Mütterchen hat Krallen«, schrieb Kafka am 20. Dezember 1902 an seinen Freund Oskar Pollak (zit. nach Kafka 1999 a, S. 17). Die Hauptstadt der Tschechischen Republik (damals von Böhmen, das zu Österreich-Ungarn gehörte), in der Franz Kafka aufwuchs und in der er den größten Teil seines Lebens verbrachte, war Anfang des 20. Jahrhunderts eine wachsende Metropole. Sie war aber auch ein Konfliktherd, an dem nicht nur nationale Rivalitäten zwischen Tschechen und der deutschen Bevölkerung des Vielvölkerstaats hochkochten, sondern auch Ressentiments gegenüber Menschen jüdischen Glaubens zunahmen.

Kafka gehörte als deutschsprachiger Jude gleich zwei Minderheiten an: Seine Mutter Julie, geb. Löwy (1856–1934), stammte aus einer wohlhabenden jüdischen Familie aus Podiebrad in Mittelböhmen, sein Vater Hermann (1852–1931), geboren in Südböhmen, war dagegen in ärmlichen Verhältnissen aufgewachsen und hatte schon mit 14 Jahren seine Familie verlassen, um als Straßenhändler sein Glück zu versuchen. Aufgrund seines Ehrgeizes und seiner Tüchtigkeit gelang es ihm im Alter von 30 Jahren, sich eine Existenz in Prag aufzubauen, wobei ihm die Heirat mit Julie zugutekam. Franz wurde als ihr erster Sohn am 3. Juli 1883 geboren.

Zunächst lebte die Familie noch beengt in einer kleinen Wohnung. Mit dem stetigen sozialen Aufstieg der Eltern durch das Kurzwarengeschäft des Vaters änderten sich jedoch ihre Lebensverhältnisse, was sich auch an den zahlreichen Wohnungswechseln zeigt. Obwohl seine Eltern sich erfolgreich im Mittelstand etabliert hatten, erlebte Franz eine angespannte Kindheit, die von der Angst der Eltern vor erneutem sozialem Abstieg geprägt war.

Seine Mutter Julie konnte sich nur wenig um ihn kümmern, weil sie ihren Mann im Geschäft unterstützen musste. Um sie zu ersetzen, wurden Ammen, Kindermädchen, Köchinnen, Wirtschafterinnen und Dienstmädchen eingestellt, denen es allerdings kaum gelang, die fehlende elterliche Zuneigung zu ersetzen. Waren die Eltern da, sorgte die autoritäre Art des Vaters ebenfalls nicht für eine harmonische Atmosphäre. Daneben musste Franz Kafka schon früh Verluste verarbeiten, da seine beiden Brüder, Georg und Heinrich, bereits als Kleinkinder starben. Erst in den Jahren 1889, 1890 und 1892 vergrößerte sich die Familie durch die Geburten von drei Schwestern – Gabriele, Valerie und Ottilie –, zu denen Kafka aber erst im Erwachsenenalter eine intensivere Beziehung entwickelte.

Mit sechs Jahren wurde Kafka in die *Deutsche Knabenschule am Fleischmarkt* eingeschult. Von seinen Lehrern wurde er als »sympathischer, stiller, bescheidener Schüler mit überdurchschnittlichen Leistungen« (Haring 2010, S. 3) wahrgenommen. So konnte er 1893 nach erfolgreich absolvierter Prüfung an das *Altstädter Deutsche Gymnasium* wechseln, das einen Ruf als besonders strenge und anspruchsvolle Lehranstalt hatte. Franz kam das humanistisch ausgerichtete Bildungskonzept des Gymnasiums, in dem klassische Sprachen und die Geschichte des Altertums im Vordergrund standen, jedoch sehr entgegen. Auch das Fach Deutsch wurde hier unterrichtet, und so lernte er zahlreiche als klassisch geltende Dichtungen kennen, die sein späteres Schaffen beeinflussen sollten.

Obwohl er die Schulzeit erfolgreich meisterte, rief die am Gymnasium herrschende Atmosphäre von Ordnung und Autorität in Kafka große Angstgefühle hervor. Abwechslung verschafften ihm im Jugendalter wenige, aber intensive Freundschaften zu Altersgenossen, mit denen er über politische und

naturwissenschaftliche Themen diskutierte und das Theater besuchte. Gemeinsam mit seinem Freund Oskar Pollak (1883–1915) interessierte sich Kafka für zeitgenössische philosophische Fragen. So las er unter anderem die Schriften des berühmten Philologen und Philosophen Friedrich Nietzsche (1844–1900), die ihm eine skeptische Sicht auf die Gesellschaft und die herrschenden Zustände nahelegten.
Im Mai 1901 schloss Kafka mit der schriftlichen Maturaprüfung (Abitur) erfolgreich seine Schulzeit ab. Wegen seiner körperlichen Schwäche musste er nicht den vorgeschriebenen einjährigen Militärdienst ableisten, sondern konnte sich gleich seiner beruflichen Zukunft widmen. Seine Entscheidung stand allerdings unter Erwartungen und Zwängen von Seiten der Familie, was die Wahl für Kafka nicht erleichterte. Unter dem Einfluss seines Onkels, der Arzt war, entschied er sich auf einer seiner ersten Reisen, die ihn zu dessen Sommerhaus nach Helgoland führte, zunächst für das Studium der Chemie, das er im Oktober 1901 an der *Deutschen k. k. Carl-Ferdinand-Universität* in Prag aufnahm. Nach kurzer Zeit wechselte er zum Jurastudium, besuchte aber im Sommer 1902 Vorlesungen in Germanistik und Kunstgeschichte. Im folgenden Wintersemester führte er das für ihn mühsame Jurastudium weiter fort und bestand 1903 seine erste Staatsprüfung in Rechtsgeschichte.
Während seines Studiums entwickelte er das Profil eines nervösen Patienten, der unter anderem unter Schlafstörungen litt. Während Kuraufenthalten lernte er die Lebensreformbewegung kennen, die einen alternativen Lebensstil propagierte: vegetarische Ernährung, Kleidung, die die Bewegungsfreiheit des Körpers nicht einschränkte, Tanztherapie und Freikörperkultur (sportliche Aktivitäten in der Natur ohne Kleidung). Wie viele andere Künstler und Intellektuelle seiner Zeit fühlte sich Kafka von der Lebensreformbewegung angezogen. Zur Stabilisierung seiner psychischen und physischen Gesundheit begann er mit Sportarten wie Wandern, Reiten und Schwimmen. Daneben boten ihm das Kino, der Motorsport, aber vor allem

auch Kontakte zu Freunden und zu Künstlern und Wissenschaftlern Abwechslung vom trockenen Studienstoff. Unter anderem besuchte Kafka gerne die *Lese- und Redehalle deutscher Studenten*, die neben einer Bibliothek zahlreiche Veranstaltungen anbot. Hier lernte er den Musiker und Schriftsteller Max Brod (1884–1968) kennen, der zu diesem Zeitpunkt in beiden Bereichen schon erste Erfolge erzielt hatte. Brod, der eine zentrale Figur für Kafka selbst, Kafkas Werk und dessen Überlieferung werden sollte, vermittelte Kafka wichtige Kontakte und führte ihn in die Prager Bohème-Szene ein (Künstlerkreise, die einen von den bürgerlichen Konventionen abweichenden Lebensstil pflegten).
Schon während seiner Schulzeit hatte Kafka mit dem literarischen Schreiben experimentiert, die Entwürfe aber später selbstkritisch verworfen. Brod stärkte jedoch sein Selbstvertrauen, sodass er sich während der zweiten Hälfte seiner Studienzeit mehr dem Schreiben als dem Jurastudium widmete. In der Doktorprüfung, die er im Jahr 1906 absolvierte, erhielt Kafka die schwächstmögliche Note. Sie reichte jedoch als Voraussetzung aus, um das vorgeschriebene Gerichtsjahr am Prager Landes- bzw. Strafgericht aufzunehmen. Nach diesem juristischen Praxisjahr fand Kafka durch die Vermittlung seines Onkels eine Anstellung bei einer Versicherungsgesellschaft, die ihm allerdings wenig Zeit für seine literarische Arbeit ließ. Daher strebte er einen Wechsel an und bewarb sich erfolgreich bei der *Arbeiter-Unfall-Versicherungsanstalt für das Königreich Böhmen* (AUVA) in Prag, wo er in wenigen Jahren vom Aushilfsbeamten zum Vizesekretär (1913) aufstieg und später zum Sekretär (1920) und Obersekretär (1922) ernannt wurde.
Weniger erfolgreich war Kafka mit seinen ersten literarischen Veröffentlichungen. Im März 1908 erschienen kleine Prosastücke unter dem Titel *Betrachtung* in der Zeitschrift *Hyperion*. Kafkas literarische Ansprüche standen stets im Konflikt mit den Anforderungen seines Berufs und verstärkten ein krisenhaftes Lebensgefühl, besonders in den Jahren 1910 bis 1912, in denen das Gefühl einer zunehmenden Entfremdung von der

Familie hinzutrat und er sich immer dringlicher Fragen nach seinem Lebensplan zu stellen begann. Auch die Frage der religiösen Orientierung stellte sich ihm, ausgelöst vor allem durch den Kontakt zum ostjüdischen Jargon-Theater, einer Form des Wandertheaters, das Stücke im Dialekt aufführte, in diesem Fall in der jiddischen Sprache des osteuropäischen Judentums. Eine Theatertruppe aus Lemberg (damals Österreich-Ungarn, heute Lwiw, Ukraine) gastierte zu dieser Zeit in Prag. Kafkas Vater kommentierte das Interesse seines Sohnes am Judentum zynisch mit dem Sprichwort: »Wer sich mit Hunden zu Bett legt[,] steht mit Wanzen auf.« Kafka hielt diese Bemerkung am 3./4. November 1911 in seinem Tagebuch fest (zit. nach Kafka 1990, S. 223).

Dennoch kam seine literarische Karriere nun in Schwung: Im Dezember 1912 erschien ein Band mit Kurzprosa unter dem Titel *Betrachtungen*, den Kafka seinem Freund Max Brod widmete. Etwa zur gleichen Zeit lernte Kafka, der bis dahin nur sporadische Kontakte zu Frauen unterhalten hatte, Felice Bauer (1887–1960) kennen, eine Verwandte von Max Brod, die in Berlin lebte. Sie war eine moderne junge Frau, die schon erfolgreich im Berufsleben stand. Der intensive Briefwechsel mit ihr half Kafka, eine Schreibkrise zu überwinden. Seine nächste Erzählung, *Das Urteil*, erschien im Frühjahr 1913 mit der Widmung »Für Fräulein Felice B.«.

In einem Brief vom 17. November 1912 kündigte Kafka Felice an, dass er »eine kleine Geschichte niederschreiben werde, die mir […] im Bett eingefallen ist und mich innerlichst bedrängt« (zit. nach Kafka 1999 a, S. 241). Aus der kleinen Geschichte wurde eine größere, der er den Titel *Verwandlung* gab. Ausschnitte daraus las er am 24. November 1912 im Freundeskreis vor. Kafka war jedoch zunächst unzufrieden mit dem Text oder vielmehr mit dem ständig unterbrochenen Schreibprozess. Anfang Dezember konnte er Felice dann doch Fortschritte verkünden: »Weine, Liebste, weine, jetzt ist die Zeit des Weinens da! Der Held meiner kleinen Geschichte ist vor einer Weile gestorben. Wenn es Dich tröstet, so erfahre, daß er genug friedlich und mit allen ausgesöhnt gestorben ist. Die Geschichte selbst ist noch nicht ganz fertig, ich habe keine rechte Lust jetzt mehr für sie und lasse den Schluß bis morgen.« (Brief an Felice Bauer vom 5./6. Dezember 1912; zit. nach Kafka 1999 a, S. 303)

Kafka machte dem Verleger Kurt Wolff, der sehr an dem Manuskript interessiert war, den Vorschlag, diesen Text zusammen mit den Erzählungen *Der Heizer* und *Das Urteil* in einem Band unter dem Titel *Die Söhne* zu veröffentlichen, da »zwischen ihnen eine offenbare und noch mehr eine geheime Verbindung« (Brief an Kurt Wolff vom 11. April 1913; zit. nach Kafka 1999 b, S. 166) bestehe. Wolff war einverstanden. Trotzdem kam die Veröffentlichung nicht zustande, weil Kafka für die Herstellung des Manuskripts bis Anfang 1914 brauchte – auch aufgrund eines Widerwillens gegen seinen eigenen Text. Die Erzählung *Die Verwandlung*, die heute zu Kafkas populärsten und am häufigsten interpretierten Texten zählt, erschien schließlich 1915 in der von René Schickele herausgegebenen expressionistischen Zeitschrift *Weiße Blätter* sowie in der expressionistischen Buchreihe *Der jüngste Tag*, herausgegeben von Kurt Wolff.

Unterdessen wütete in Europa der Erste Weltkrieg. Kafka, der den Geschehnissen im Gegensatz zu vielen seiner kriegsbegeisterten Freunde anfangs kritisch gegenüberstand, wurde nicht einberufen, zunächst wegen seiner schwachen Konstitution, später, weil sein Arbeitgeber, die AUVA, seine Freistellung vom Dienst an der Front beantragte. 1916 äußerte Kafka gleichwohl die Hoffnung, eine Teilnahme am Krieg könnte ihn stärken und damit sein Nervenleiden mildern. Stattdessen gelang ihm um 1915 der literarische Durchbruch: Er erhielt die Prämie des Fontane-Preisträgers Carl Sternheim in Höhe von 800 Reichsmark zugesprochen, die ihn in literarisch interessierten Kreisen bekannt machte.

Die Beziehung zu Felice entwickelte sich indes problematisch, da Kafka erkannte: »Ohne sie kann ich nicht leben und mit ihr auch nicht.« (Brief an Felice Bauer vom 12./13. Mai 1913, zit.

nach Kafka 1999 b, S. 186) Obwohl er nur in einem asketischen Lebensstil die Möglichkeit sah, die Ehe zu ertragen, machte er Felice im Mai 1913 einen Heiratsantrag. Nach einigen Verzögerungen und Vermittlungsversuchen von Freunden fand im Mai 1914 eine offizielle Verlobung statt, die aber bereits im Juli wieder gelöst wurde. 1916 kam es zu einer erneuten Verlobung, die aber ohne Folgen blieb: Diesmal war es Kafkas Erkrankung an Lungentuberkulose im August 1917, die ihn von Verpflichtungen dieser Art befreite.

Obwohl oder weil er vom Zeitpunkt der Erkrankung an bis zu seinem Tod viel Zeit mit Kur- und Erholungsaufenthalten verbrachte und nur noch zeitweise in der AUVA arbeiten konnte, wandte er sich nach einer Phase des Rückzugs aufs Land ab 1918 wieder intensiv dem Schreiben zu. Es entstanden unter anderem der autobiografisch inspirierte *Brief an den Vater*, in dem er seine Entwicklung unter der als Tyrannenherrschaft empfundenen Dominanz seines Vaters kritisch untersucht, und das letzte große Romanprojekt *Das Schloss*. Auf einer seiner Erholungsreisen lernte er Juli Wohryzek (1891–1944) kennen, mit der er sich im Sommer 1919 verlobte. Diesmal standen der Heirat praktische Gründe im Wege: Das Paar fand keine Wohnung und sagte die Hochzeit vorläufig ab. Zur Auflösung der Verlobung führte letztlich jedoch die Begegnung mit der jungen Übersetzerin Milena Jesenská (1896–1944) im Frühjahr 1920, eine Beziehung, die aber ebenfalls keine Zukunft hatte.

Aufgrund der steten Verschlechterung seines Gesundheitszustands verfügte Kafka Ende 1921 testamentarisch, dass sein Freund Max Brod alle ihm übertragenen Schriften, Tagebücher, Briefe und Manuskripte nach Kafkas Tod verbrennen solle. Gerade erst zum Obersekretär befördert, wurde Kafka noch im Jahr 1922 in den vorläufigen Ruhestand versetzt, was ihm – trotz starker gesundheitlicher Einschränkungen – Zeit für seine literarische Tätigkeit verschaffte. Erneut war es eine Kurreise, auf der er in Dora Diamant (1898–1952) die Begleiterin für seine letzte Lebensphase fand. Mit ihr gelang ihm im Juli 1923 der Umzug nach Berlin und damit erst die wirkliche Loslösung vom Elternhaus, dem er als Unverheirateter bis dahin verhaftet geblieben war. Trotz der schlechten gesundheitlichen und wirtschaftlichen Bedingungen in der Hauptstadt des Deutschen Reiches inspirierte ihn dieser Neubeginn zu einer letzten intensiven Schreibphase im Jahr 1924, die durch die Diagnose Kehlkopftuberkulose beendet wurde. Am 3. Juni 1924 starb Kafka in einem Sanatorium in Kierling bei Klosterneuburg nahe Wien und wurde am 11. Juni auf dem jüdischen Friedhof in Prag Straschnitz beerdigt.

Max Brod erfüllte den Willen Kafkas, seine Manuskripte zu verbrennen, nicht: Er wurde zum Nachlassverwalter bestimmt und erhielt so das Werk Kafkas für die Nachwelt, darunter 40 autorisierte Prosatexte und mehrere Tausend Seiten Tagebucheinträge und Fragmente, zu denen auch die berühmten unvollendeten Romane *Der Prozess, Das Schloss* und *Amerika* zählen.

Die Texte wurden auch Grundlage für mediale Adaptionen wie die Szenische Kammermusik *Die Verwandlung* (1983) von Paul-Heinz Dittrich. Unter den Verfilmungen dieser Erzählung sind zu nennen: *Die Verwandlung* (1975; Regie: Jan Němec), *The Metamorphosis of Mr. Samsa* (1978; Regie: Caroline Leaf), *The Metamorphosis of Franz Kafka* (1993; Regie: Carlos Atanes; Kurzfilm), *Prevraschenje* (2002; Regie: Waleri Fokin) und *Die Verwandlung* (2009; Regie: Lukas Block). Bekannt sind aber auch die von der *Verwandlung* inspirierten Comics *The Metamorphosis* (2003) von Peter Kuper, *Kafka* (2007) von Robert Crumb und David Zaine Mairowitz sowie *Die Verwandlung* (2011) von Eric Corbeyran und Richard Horne. Auch in der Zeichentrickserie *Die Simpsons* finden sich Anspielungen auf die Erzählung.

Literatur

Alt, Peter-André: Franz Kafka. Der ewige Sohn. Eine Biographie. München: C. H. Beck 2005, 2. Aufl. 2008.

Haring, Ekkehard W.: Leben und Persönlichkeit. In: Manfred Engel/ Bernd Auerochs (Hg.): Kafka-Handbuch. Leben – Werk – Wirkung. Stuttgart, Weimar: Metzler 2010, S. 1–27.

Kafka, Franz: Tagebücher. Hg. von Hans-Gerd Koch, Michael Müller und Malcom Pasley. Frankfurt a. M.: Fischer 1990 (= Kafka 1990).

Kafka, Franz: Briefe 1900–1912. Hg. von Hans-Gerd Koch. Frankfurt a. M.: Fischer 1999 (= Kafka 1999 a).

Kafka, Franz: Briefe 1913–März 1914. Hg. von Hans-Gerd Koch. Frankfurt a. M.: Fischer 1999 (= Kafka 1999 b).

Pfeiffer, Joachim: Die Verwandlung/Brief an den Vater. München u. a.: Oldenbourg 1998 (Oldenbourg Interpretationen, Bd. 91).

Poppe, Sandra: Die Verwandlung. In: Manfred Engel/Bernd Auerochs (Hg.): Kafka-Handbuch. Leben – Werk – Wirkung. Stuttgart, Weimar: Metzler 2010, S. 164–174.

Stach, Reiner: Kafka. Die Jahre der Entscheidungen. Frankfurt a. M.: Fischer 2002.

URL: http://www.franzkafka.de [zuletzt aufgerufen am 16.2.2015].

Franz Kafka

Die Verwandlung

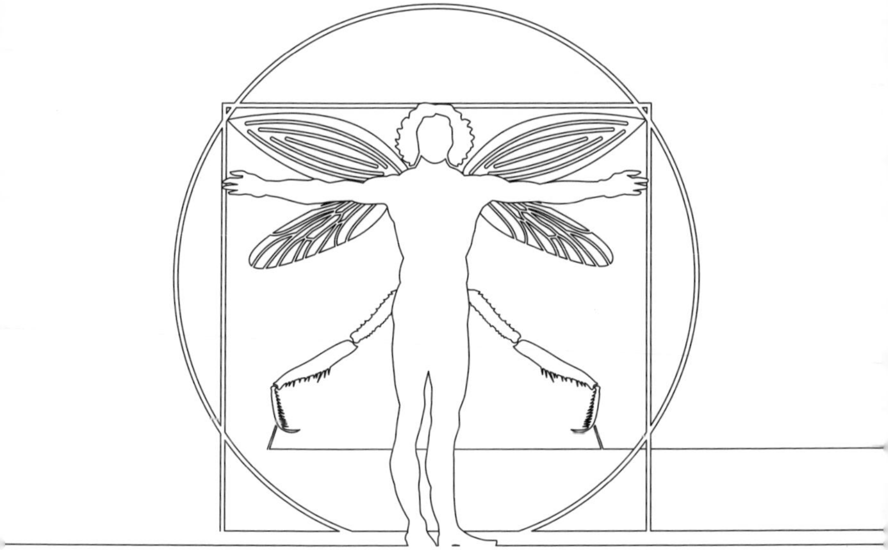

I.

Als Gregor Samsa eines Morgens aus unruhigen Träumen erwachte, fand er sich in seinem Bett zu einem ungeheuren Ungeziefer verwandelt. Er lag auf seinem panzerartig harten Rücken und sah, wenn er den Kopf ein wenig hob, seinen gewölbten, braunen, von bogenförmigen Versteifungen geteilten Bauch, auf dessen Höhe sich die Bettdecke, zum gänzlichen Niedergleiten bereit, kaum noch erhalten konnte. Seine vielen, im Vergleich zu seinem sonstigen Umfang kläglich dünnen Beine flimmerten ihm hilflos vor den Augen.

»Was ist mit mir geschehen?«, dachte er. Es war kein Traum. Sein Zimmer, ein richtiges, nur etwas zu kleines Menschenzimmer, lag ruhig zwischen den vier wohl bekannten Wänden. Über dem Tisch, auf dem eine auseinandergepackte Musterkollektion von Tuchwaren ausgebreitet war – Samsa war Reisender –, hing das Bild, das er vor kurzem aus einer illustrierten Zeitschrift ausgeschnitten und in einem hübschen, vergoldeten Rahmen untergebracht hatte. Es stellte eine Dame dar, die, mit einem Pelzhut und einer Pelzboa versehen, aufrecht dasaß und einen schweren Pelzmuff, in dem ihr ganzer Unterarm verschwunden war, dem Beschauer entgegenhob.

Tuchwaren: Textilien, Stoffe

Reisender: *hier* Handlungsreisender, Vertreter

Pelzboa: Pelzschal

Gregors Blick richtete sich dann zum Fenster und das trübe Wetter – man hörte Regentropfen auf das Fensterblech aufschlagen – machte ihn ganz melancholisch. »Wie wäre es, wenn ich noch ein wenig weiterschliefe und alle Narrheiten vergäße«, dachte er, aber das war gänzlich undurchführbar, denn er war gewöhnt, auf der rechten Seite zu schlafen, konnte sich aber in seinem gegenwärtigen Zustand nicht in diese Lage bringen. Mit welcher Kraft er sich auch auf die rechte Seite warf, immer wieder schaukelte er in die Rückenlage zurück. Er versuchte es wohl hundertmal, schloss die Augen, um die zappelnden Beine nicht sehen zu müssen, und ließ erst ab, als er in der Seite einen noch nie gefühlten, leichten, dumpfen Schmerz zu fühlen begann. »Ach Gott«, dachte er, »was für einen anstrengenden Beruf habe ich gewählt! Tagaus, tagein auf der Reise. Die geschäftlichen Aufregungen sind viel größer als im eigentlichen Geschäft zu Hause und außerdem ist mir noch diese Plage des Reisens auferlegt, die Sorgen um die Zuganschlüsse, das unregelmäßige, schlechte Essen, ein immer wechselnder, nie andauernder, nie herzlich werdender menschlicher Verkehr. Der Teufel soll das alles holen!« Er fühlte ein leichtes Jucken oben auf dem Bauch; schob sich auf dem Rücken langsam näher zum Bettpfosten, um den Kopf besser heben zu können; fand die juckende Stelle, die mit lauter kleinen weißen Pünktchen besetzt war, die er nicht zu beurteilen verstand; und wollte mit einem Bein die Stelle betasten, zog es aber gleich zurück, denn bei der Berührung umwehten ihn Kälteschauer.

Verkehr: *hier* Kontakt, Umgang

Er glitt wieder in seine frühere Lage zurück. »Dies frühzeitige Aufstehen«, dachte er, »macht einen ganz blödsinnig. Der Mensch muss seinen Schlaf haben. Andere Reisende leben wie Haremsfrauen. Wenn ich zum Beispiel im Laufe des Vormittags ins Gasthaus zurückgehe, um die erlangten Aufträge zu überschreiben, sitzen diese Herren erst beim Frühstück. Das sollte ich bei meinem Chef versuchen; ich würde auf der Stelle hinausfliegen. Wer weiß übrigens, ob das nicht sehr gut für mich wäre. Wenn ich mich nicht wegen meiner Eltern zurückhielte, ich hätte längst gekündigt, ich wäre vor den Chef hingetreten und hätte ihm meine Meinung von Grund des Herzens aus gesagt. Vom Pult hätte er fallen müssen! Es ist auch eine sonderbare Art, sich auf das Pult zu setzen und von der Höhe herab mit dem Angestellten zu reden, der überdies wegen der Schwerhörigkeit des Chefs ganz nahe herantreten muss. Nun, die Hoffnung ist noch nicht gänzlich aufgegeben; habe ich einmal das Geld beisammen, um die Schuld der Eltern an ihn abzuzahlen – es dürfte noch fünf bis sechs Jahre dauern –, mache ich die Sache unbedingt. Dann wird der große

Haremsfrau: Im Osmanischen Reich (früherer Name der Türkei) lebten die weiblichen Familienmitglieder in einem abgeschlossenen Bereich (Harem); in Europa wurde ihr Leben mit sorglosem Nichtstun assoziiert.

Schnitt gemacht. Vorläufig allerdings muss ich aufstehen, denn mein Zug fährt um fünf.«

Und er sah zur Weckuhr hinüber, die auf dem Kasten tickte. »Himmlischer Vater!«, dachte er. Es war halb sieben Uhr und die Zeiger gingen ruhig vorwärts, es war sogar halb vorüber, es näherte sich schon dreiviertel. Sollte der Wecker nicht geläutet haben? Man sah vom Bett aus, dass er auf vier Uhr richtig eingestellt war; gewiss hatte er auch geläutet. Ja, aber war es möglich, dieses möbelerschütternde Läuten ruhig zu verschlafen? Nun, ruhig hatte er ja nicht geschlafen, aber wahrscheinlich desto fester. Was aber sollte er jetzt tun? Der nächste Zug ging um sieben Uhr; um den einzuholen, hätte er sich unsinnig beeilen müssen und die Kollektion war noch nicht eingepackt und er selbst fühlte sich durchaus nicht besonders frisch und beweglich. Und selbst wenn er den Zug einholte, ein Donnerwetter des Chefs war nicht zu vermeiden, denn der Geschäftsdiener hatte beim Fünfuhrzug gewartet und die Meldung von seiner Versäumnis längst erstattet. Es war eine Kreatur des Chefs, ohne Rückgrat und Verstand. Wie nun, wenn er sich krank meldete? Das wäre aber äußerst peinlich und verdächtig, denn Gregor war während seines fünfjährigen Dienstes noch nicht einmal krank gewesen. Gewiss würde der Chef mit dem Krankenkassenarzt kommen, würde den Eltern wegen des faulen Sohnes Vorwürfe machen und alle Einwände durch den Hinweis auf den Krankenkassenarzt abschneiden, für den es ja überhaupt nur ganz gesunde, aber arbeitsscheue Menschen gibt. Und hätte er übrigens in diesem Falle so ganz unrecht? Gregor fühlte sich tatsächlich, abgesehen von einer nach dem langen Schlaf wirklich überflüssigen Schläfrigkeit, ganz wohl und hatte sogar einen besonders kräftigen Hunger.

Geschäftsdiener: kaufmännische Hilfskraft

Als er dies alles in größter Eile überlegte, ohne sich entschließen zu können, das Bett zu verlassen – gerade schlug der Wecker dreiviertel sieben –, klopfte es vorsichtig an die Tür am Kopfende seines Bettes. »Gregor«, rief es – es war die Mutter –, »es ist dreiviertel sieben. Wolltest du nicht wegfahren?« Die sanfte Stimme! Gregor erschrak, als er seine antwortende Stimme hörte, die wohl unverkennbar seine frühere war, in die sich aber, wie von unten her, ein nicht zu unterdrückendes, schmerzliches Piepsen mischte, das die Worte förmlich nur im ersten Augenblick in ihrer Deutlichkeit beließ, um sie im Nachklang derart zu zerstören, dass man nicht wusste, ob man recht gehört hatte. Gregor hatte ausführlich antworten und alles erklären wollen, beschränkte sich aber bei diesen Umständen darauf zu sagen: »Ja, ja, danke, Mutter, ich stehe schon auf.« Infolge der Holztür war die Veränderung in Gregors Stimme draußen wohl nicht zu merken, denn die Mutter beruhigte sich mit dieser Erklärung und schlürfte davon. Aber durch das kleine Gespräch waren die anderen Familienmitglieder darauf aufmerksam geworden, dass Gregor wider Erwarten noch zu Hause war, und schon klopfte an der einen Seitentür der Vater, schwach, aber mit der Faust. »Gregor, Gregor«, rief er, »was ist denn?« Und nach einer kleinen Weile mahnte er nochmals mit tieferer Stimme: »Gregor! Gregor!« An der anderen Seitentür aber klagte leise die Schwester: »Gregor? Ist dir nicht wohl? Brauchst du etwas?« Nach beiden Seiten hin antwortete Gregor: »Bin schon fertig«, und bemühte sich, durch die sorgfältigste Aussprache und durch Einschaltung von langen Pausen zwischen den einzelnen Worten seiner Stimme alles Auffallende zu nehmen. Der Vater kehrte auch zu seinem Frühstück zurück, die Schwester aber flüsterte: »Gregor, mach auf, ich beschwöre dich.« Gregor aber dachte gar nicht daran aufzumachen, sondern lobte die vom Reisen her übernommene Vorsicht, auch zu Hause alle Türen während der Nacht zu versperren.

Zunächst wollte er ruhig und ungestört aufstehen, sich anziehen und vor allem frühstücken und dann erst das Weitere überlegen, denn, das merkte er wohl, im Bette würde er mit dem Nachdenken zu keinem vernünftigen Ende kommen. Er erinnerte sich, schon öfters im Bett irgendeinen vielleicht durch ungeschicktes Liegen erzeugten, leichten Schmerz empfunden zu haben, der sich dann beim Aufstehen als reine Einbildung herausstellte, und er war gespannt, wie sich seine heutigen Vorstellungen allmählich auflösen würden. Dass die Veränderung der Stimme nichts anderes war als der Vorbote einer tüchtigen Verkühlung, einer Berufskrankheit der Reisenden, daran zweifelte er nicht im Geringsten.

Die Decke abzuwerfen war ganz einfach; er brauchte sich nur ein wenig aufzublasen und sie fiel von selbst. Aber weiterhin wurde es schwierig, besonders weil er so ungemein breit war. Er hätte Arme und Hände gebraucht, um sich aufzurichten; stattdessen aber hatte er nur die vielen Beinchen, die ununterbrochen in der verschiedensten Bewegung waren und die er überdies nicht beherrschen konnte. Wollte er eines einmal einknicken, so war es das Erste, dass er sich streckte; und gelang es ihm endlich, mit diesem Bein das auszuführen, was er wollte, so arbeiteten inzwischen alle anderen wie freigelassen in höchster, schmerzlicher Aufregung. »Nur sich nicht im Bett unnütz aufhalten«, sagte sich Gregor.

Zuerst wollte er mit dem unteren Teil seines Körpers aus dem Bett hinauskommen, aber dieser untere Teil, den er übrigens noch nicht gesehen hatte und von dem er sich auch keine rechte Vorstellung machen konnte, erwies sich als zu schwer beweglich; es ging so langsam; und als er schließlich, fast wild geworden, mit gesammelter Kraft, ohne Rücksicht sich vorwärts stieß, hatte er die Richtung falsch gewählt, schlug an den unteren Bettpfosten heftig an und der brennende Schmerz, den er empfand, belehrte ihn, dass gerade der untere Teil seines Körpers augenblicklich vielleicht der empfindlichste war.

Er versuchte es daher, zuerst den Oberkörper aus dem Bett zu bekommen, und drehte vorsichtig den Kopf dem Bettrand zu. Dies gelang auch leicht und trotz ihrer Breite und

Schwere folgte schließlich die Körpermasse langsam der Wendung des Kopfes. Aber als er den Kopf endlich außerhalb des Bettes in der freien Luft hielt, bekam er Angst, weiter auf diese Weise vorzurücken, denn wenn er sich schließlich so fallen ließ, musste geradezu ein Wunder geschehen, wenn der Kopf nicht verletzt werden sollte. Und die Besinnung durfte er gerade jetzt um keinen Preis verlieren; lieber wollte er im Bett bleiben.

Aber als er wieder nach gleicher Mühe aufseufzend so dalag wie früher und wieder seine Beinchen womöglich noch ärger gegeneinander kämpfen sah und keine Möglichkeit fand, in diese Willkür Ruhe und Ordnung zu bringen, sagte er sich wieder, dass er unmöglich im Bett bleiben könne und dass es das Vernünftigste sei, alles zu opfern, wenn auch nur die kleinste Hoffnung bestünde, sich dadurch vom Bett zu befreien. Gleichzeitig aber vergaß er nicht, sich zwischendurch daran zu erinnern, dass viel besser als verzweifelte Entschlüsse ruhige und ruhigste Überlegung sei. In solchen Augenblicken richtete er die Augen möglichst scharf auf das Fenster, aber leider war aus dem Anblick des Morgennebels, der sogar die andere Seite der engen Straße verhüllte, wenig Zuversicht und Munterkeit zu holen. »Schon sieben Uhr«, sagte er sich beim neuerlichen Schlagen des Weckers, »schon sieben Uhr und noch immer ein solcher Nebel.« Und ein Weilchen lang lag er ruhig mit schwachem Atem, als erwarte er vielleicht von der völligen Stille die Wiederkehr der wirklichen und selbstverständlichen Verhältnisse.

Dann aber sagte er sich: »Ehe es einviertel acht schlägt, muss ich unbedingt das Bett vollständig verlassen haben. Im Übrigen wird auch bis dahin jemand aus dem Geschäft kommen, um nach mir zu fragen, denn das Geschäft wird vor sieben Uhr geöffnet.« Und er machte sich nun daran, den Körper in seiner ganzen Länge vollständig gleichmäßig aus dem Bett hinauszuschaukeln. Wenn er sich auf diese Weise aus dem Bett fallen ließ, blieb der Kopf, den er beim Fall scharf heben wollte, voraussichtlich unverletzt. Der Rücken schien hart zu sein; dem würde wohl bei dem Fall auf den Teppich nichts geschehen. Das größte Bedenken machte ihm die Rücksicht auf den lauten Krach, den es geben müsste und der wahrscheinlich hinter allen Türen wenn nicht Schrecken, so doch Besorgnisse erregen würde. Das musste aber gewagt werden.

Als Gregor schon zur Hälfte aus dem Bette ragte – die neue Methode war mehr ein Spiel als eine Anstrengung, er brauchte immer nur ruckweise zu schaukeln –, fiel ihm ein, wie einfach alles wäre, wenn man ihm zu Hilfe käme. Zwei starke Leute – er dachte an seinen Vater und das Dienstmädchen – hätten vollständig genügt; sie hätten ihre Arme nur unter seinen gewölbten Rücken schieben, ihn so aus dem Bett schälen, sich mit der Last niederbeugen und dann bloß vorsichtig dulden müssen, dass er den Überschwung auf dem Fußboden vollzog, wo dann die Beinchen hoffentlich einen Sinn bekommen würden. Nun, ganz abgesehen davon, dass die Türen versperrt waren, hätte er wirklich um Hilfe rufen sollen? Trotz aller Not konnte er bei diesem Gedanken ein Lächeln nicht unterdrücken.

Schon war er so weit, dass er bei stärkerem Schaukeln kaum das Gleichgewicht noch erhielt, und sehr bald musste er sich nun endgültig entscheiden, denn es war in fünf Minuten einviertel acht – als es an der Wohnungstür läutete. »Das ist jemand aus dem Geschäft«, sagte er sich und erstarrte fast, während seine Beinchen nur desto eiliger tanzten. Einen Augenblick blieb alles still. »Sie öffnen nicht«, sagte sich Gregor, befangen in irgendeiner unsinnigen Hoffnung. Aber dann ging natürlich wie immer das Dienstmädchen festen Schrittes zur Tür und öffnete.

Gregor brauchte nur das erste Grußwort des Besuchers zu hören und wusste schon, wer es war – der Prokurist selbst. Warum war nur Gregor dazu verurteilt, bei einer Firma zu dienen, wo man bei der kleinsten Versäumnis gleich den größten Verdacht fasste? Waren denn alle Angestellten

Prokurist: Angestellter mit Vollmacht, alle Arten von Rechtsgeschäften für den Betrieb vorzunehmen samt und sonders Lumpen, gab es denn unter ihnen keinen treuen, ergebenen Menschen, der, wenn er auch nur ein paar Morgenstunden für das Geschäft nicht ausgenützt hatte, vor Gewissensbissen närrisch wurde und geradezu nicht im Stande war, das Bett zu verlassen? Genügte es wirklich nicht, einen Lehrjungen nachfragen zu lassen – wenn überhaupt diese Fragerei nötig war –, musste da der Prokurist selbst kommen und musste dadurch der ganzen unschuldigen Familie gezeigt werden, dass die Untersuchung dieser verdächtigen Angelegenheit nur dem Verstand des Prokuristen anvertraut werden konnte? Und mehr infolge der Erregung, in welche Gregor durch diese Überlegungen versetzt wurde, als infolge eines richtigen Entschlusses, schwang er sich mit aller Macht aus dem Bett. Es gab einen lauten Schlag, aber ein eigentlicher Krach war es nicht. Ein wenig wurde der Fall durch den Teppich abgeschwächt, auch war der Rücken elastischer, als Gregor gedacht hatte, daher kam der nicht gar so auffallende dumpfe Klang. Nur den Kopf hatte er nicht vorsichtig genug gehalten und ihn angeschlagen; er drehte ihn und rieb ihn an dem Teppich vor Ärger und Schmerz.

»Da drin ist etwas gefallen«, sagte der Prokurist im Nebenzimmer links. Gregor suchte sich vorzustellen, ob nicht auch einmal dem Prokuristen etwas Ähnliches passieren könnte wie heute ihm; die Möglichkeit dessen musste man doch eigentlich zugeben. Aber wie zur rohen Antwort auf diese Frage machte jetzt der Prokurist im Nebenzimmer ein paar bestimmte Schritte und ließ seine Lackstiefel knarren. Aus dem Nebenzimmer rechts flüsterte die Schwester, um Gregor zu verständigen: »Gregor, der Prokurist ist da.« – »Ich weiß«, sagte Gregor vor sich hin; aber so laut, dass es die Schwester hätte hören können, wagte er die Stimme nicht zu erheben.

»Gregor«, sagte nun der Vater aus dem Nebenzimmer links, »der Herr Prokurist ist gekommen und erkundigt sich, warum du nicht mit dem Frühzug weggefahren bist.

Wir wissen nicht, was wir ihm sagen sollen. Übrigens will er auch mit dir persönlich sprechen. Also bitte mach die Tür auf. Er wird die Unordnung im Zimmer zu entschuldigen schon die Güte haben.« – »Guten Morgen, Herr Samsa«, rief der Prokurist freundlich dazwischen. »Ihm ist nicht wohl«, sagte die Mutter zum Prokuristen, während der Vater noch an der Tür redete, »ihm ist nicht wohl, glauben Sie mir, Herr Prokurist. Wie würde denn Gregor sonst einen Zug versäumen! Der Junge hat ja nichts im Kopf als das Geschäft. Ich ärgere mich schon fast, dass er abends niemals ausgeht; jetzt war er doch acht Tage in der Stadt, aber jeden Abend war er zu Hause. Da sitzt er bei uns am Tisch und liest still die Zeitung oder studiert Fahrpläne. Es ist schon eine Zerstreuung für ihn, wenn er sich mit Laubsägearbeiten beschäftigt. Da hat er zum Beispiel im Laufe von zwei, drei Abenden einen kleinen Rahmen geschnitzt; Sie werden staunen, wie hübsch er ist; er hängt drin im Zimmer; Sie werden ihn gleich sehen, wenn Gregor aufmacht. Ich bin übrigens glücklich, dass Sie da sind, Herr Prokurist; wir allein hätten Gregor nicht dazu gebracht, die Tür zu öffnen; er ist so hartnäckig; und bestimmt ist ihm nicht wohl, trotzdem er es am Morgen geleugnet hat.« – »Ich komme gleich«, sagte Gregor langsam und bedächtig und rührte sich nicht, um kein Wort der Gespräche zu verlieren. »Anders, gnädige Frau, kann ich es mir auch nicht erklären«, sagte der Prokurist, »hoffentlich ist es nichts Ernstes. Wenn ich auch andererseits sagen muss, dass wir Geschäftsleute – wie man will, leider oder glücklicherweise – ein leichtes Unwohlsein sehr oft aus geschäftlichen Rücksichten einfach überwinden müssen.« – »Also kann der Herr Prokurist schon zu dir hinein?«, fragte der ungeduldige Vater und klopfte wiederum an die Tür. »Nein«, sagte Gregor. Im Nebenzimmer links trat eine peinliche Stille ein, im Nebenzimmer rechts begann die Schwester zu schluchzen.

Warum ging denn die Schwester nicht zu den anderen? Sie war wohl erst jetzt aus dem Bett aufgestanden und hatte noch gar nicht angefangen sich anzuziehen. Und warum weinte sie denn? Weil er nicht aufstand und den Prokuristen nicht hereinließ, weil er in Gefahr war, den Posten zu verlieren, und weil dann der Chef die Eltern mit den alten Forderungen wieder verfolgen würde? Das waren doch vorläufig wohl unnötige Sorgen. Noch war Gregor hier und dachte nicht im Geringsten daran, seine Familie zu verlassen. Augenblicklich lag er wohl da auf dem Teppich und niemand, der seinen Zustand gekannt hätte, hätte im Ernst von ihm verlangt, dass er den Prokuristen hereinlasse. Aber wegen dieser kleinen Unhöflichkeit, für die sich ja später leicht eine passende Ausrede finden würde, konnte Gregor doch nicht gut sofort weggeschickt werden. Und Gregor schien es, dass es viel vernünftiger wäre, ihn jetzt in Ruhe zu lassen, statt ihn mit Weinen und Zureden zu stören. Aber es war eben die Ungewissheit, welche die anderen bedrängte und ihr Benehmen entschuldigte.

»Herr Samsa«, rief nun der Prokurist mit erhobener Stimme, »was ist denn los? Sie verbarrikadieren sich da in Ihrem Zimmer, antworten bloß mit Ja und Nein, machen Ihren Eltern schwere, unnötige Sorgen und versäumen – dies nur nebenbei erwähnt – Ihre geschäftlichen Pflichten in einer eigentlich unerhörten Weise. Ich spreche hier im Namen Ihrer Eltern und Ihres Chefs und bitte Sie ganz ernsthaft um eine augenblickliche, deutliche Erklärung. Ich staune, ich staune. Ich glaubte, Sie als einen ruhigen, vernünftigen Menschen zu kennen, und nun scheinen Sie plötzlich anfangen zu wollen, mit sonderbaren Launen zu paradieren. Der Chef deutete mir zwar heute früh eine mögliche Erklärung für Ihre Versäumnis an – sie betraf das Ihnen seit kurzem anvertraute Inkasso –, aber ich legte wahrhaftig fast mein Ehrenwort dafür ein, dass diese Erklärung nicht zutreffen könne. Nun aber sehe ich hier Ihren unbegreiflichen Starrsinn und verliere ganz und gar jede

paradieren: vorbeimarschieren, *hier* auftreten

Inkasso: Eintreibung fälliger Geldforderungen

Lust, mich auch nur im Geringsten für Sie einzusetzen. Und Ihre Stellung ist durchaus nicht die festeste. Ich hatte ursprünglich die Absicht, Ihnen das alles unter vier Augen zu sagen, aber da Sie mich hier nutzlos meine Zeit versäumen lassen, weiß ich nicht, warum es nicht auch Ihre Herren Eltern erfahren sollen. Ihre Leistungen in der letzten Zeit waren also sehr unbefriedigend; es ist zwar nicht die Jahreszeit, um besondere Geschäfte zu machen, das erkennen wir an; aber eine Jahreszeit, um keine Geschäfte zu machen, gibt es überhaupt nicht, Herr Samsa, darf es nicht geben.«

»Aber Herr Prokurist«, rief Gregor außer sich und vergaß in der Aufregung alles andere, »ich mache ja sofort, augenblicklich auf. Ein leichtes Unwohlsein, ein Schwindelanfall, haben mich verhindert aufzustehen. Ich liege noch jetzt im Bett. Jetzt bin ich aber schon wieder ganz frisch. Eben steige ich aus dem Bett. Nur einen kleinen Augenblick Geduld! Es geht noch nicht so gut, wie ich dachte. Es ist mir aber schon wohl. Wie das nur einen Menschen so überfallen kann! Noch gestern Abend war mir ganz gut, meine Eltern wissen es ja, oder besser, schon gestern Abend hatte ich eine kleine Vorahnung. Man hätte es mir ansehen müssen. Warum habe ich es nur im Geschäfte nicht gemeldet! Aber man denkt eben immer, dass man die Krankheit ohne Zuhausebleiben überstehen wird. Herr Prokurist! Schonen Sie meine Eltern! Für alle die Vorwürfe, die Sie mir jetzt machen, ist ja kein Grund; man hat mir ja davon auch kein Wort gesagt. Sie haben vielleicht die letzten Aufträge, die ich geschickt habe, nicht gelesen. Übrigens, noch mit dem Achtuhrzug fahre ich auf die Reise, die paar Stunden Ruhe haben mich gekräftigt. Halten Sie sich nur nicht auf, Herr Prokurist; ich bin gleich selbst im Geschäft, und haben Sie die Güte, das zu sagen und mich dem Herrn Chef zu empfehlen!«

Und während Gregor dies alles hastig ausstieß und kaum wusste, was er sprach, hatte er sich leicht, wohl infolge der im Bett bereits erlangten Übung, dem Kasten genähert und suchte nun an ihm sich aufzurichten. Er wollte tatsächlich die Tür aufmachen und sich sehen lassen und mit dem Prokuristen sprechen; er war begierig zu erfahren, was die anderen, die jetzt so nach ihm verlangten, bei seinem Anblick sagen würden. Würden sie erschrecken, dann hatte Gregor keine Verantwortung mehr und konnte ruhig sein. Würden sie aber alles ruhig hinnehmen, dann hatte auch er keinen Grund sich aufzuregen und konnte, wenn er sich beeilte, um acht Uhr tatsächlich auf dem Bahnhof sein. Zuerst glitt er nun einige Male von dem glatten Kasten ab, aber endlich gab er sich einen letzten Schwung und stand aufrecht da; auf die Schmerzen im Unterleib achtete er gar nicht mehr, sosehr sie auch brannten. Nun ließ er sich gegen die Rücklehne eines nahen Stuhles fallen, an deren Rändern er sich mit seinen Beinchen festhielt. Damit hatte er aber auch die Herrschaft über sich erlangt und verstummte, denn nun konnte er den Prokuristen anhören.

»Haben Sie auch nur ein Wort verstanden?«, fragte der Prokurist die Eltern, »er macht sich doch wohl nicht einen Narren aus uns?« – »Um Gottes willen«, rief die Mutter schon unter Weinen, »er ist vielleicht schwer krank, und wir quälen ihn. Grete! Grete!«, schrie sie dann. »Mutter?«, rief die Schwester von der anderen Seite. Sie verständigten sich durch Gregors Zimmer. »Du musst augenblicklich zum Arzt. Gregor ist krank. Rasch um den Arzt. Hast du Gregor jetzt reden hören?« – »Das war eine Tierstimme«, sagte der Prokurist, auffallend leise gegenüber dem Schreien der Mutter. »Anna! Anna!«, rief der Vater durch das Vorzimmer in die Küche und klatschte in die Hände, »sofort einen Schlosser holen!« Und schon liefen die zwei Mädchen mit rauschenden Röcken durch das Vorzimmer – wie hatte sich die Schwester denn so schnell angezogen? – und rissen die Wohnungstüre auf. Man hörte gar nicht die Türe zuschlagen; sie hatten sie wohl offen gelassen, wie es in

Wohnungen zu sein pflegt, in denen ein großes Unglück geschehen ist.

Gregor war aber viel ruhiger geworden. Man verstand zwar also seine Worte nicht mehr, trotzdem sie ihm genug klar, klarer als früher, vorgekommen waren, vielleicht infolge der Gewöhnung des Ohres. Aber immerhin glaubte man nun schon daran, dass es mit ihm nicht ganz in Ordnung war, und war bereit, ihm zu helfen. Die Zuversicht und Sicherheit, womit die ersten Anordnungen getroffen worden waren, taten ihm wohl. Er fühlte sich wieder einbezogen in den menschlichen Kreis und erhoffte von beiden, vom Arzt und vom Schlosser, ohne sie eigentlich genau zu scheiden, großartige und überraschende Leistungen. Um für die sich nähernden entscheidenden Besprechungen eine möglichst klare Stimme zu bekommen, hustete er ein wenig ab, allerdings bemüht, dies ganz gedämpft zu tun, da möglicherweise auch schon dieses Geräusch anders als menschlicher Husten klang, was er selbst zu entscheiden sich nicht mehr getraute. Im Nebenzimmer war es inzwischen ganz still geworden. Vielleicht saßen die Eltern mit dem Prokuristen beim Tisch und tuschelten, vielleicht lehnten alle an der Türe und horchten.

Gregor schob sich langsam mit dem Sessel zur Tür hin, ließ ihn dort los, warf sich gegen die Tür, hielt sich an ihr aufrecht – die Ballen seiner Beinchen hatten ein wenig Klebstoff – und ruhte sich dort einen Augenblick lang von der Anstrengung aus. Dann aber machte er sich daran, mit dem Mund den Schlüssel im Schloss umzudrehen. Es schien leider, dass er keine eigentlichen Zähne hatte – womit sollte er gleich den Schlüssel fassen? –, aber dafür waren die Kiefer freilich sehr stark, mit ihrer Hilfe brachte er auch wirklich den Schlüssel in Bewegung und achtete nicht darauf, dass er sich zweifellos irgendeinen Schaden zufügte, denn eine braune Flüssigkeit kam ihm aus dem Mund, floss über den Schlüssel und tropfte auf den Boden. »Hören Sie nur«, sagte der Prokurist im Nebenzimmer, »er dreht den Schlüssel um.« Das war für Gregor eine große Aufmunterung; aber alle hätten ihm zurufen sollen, auch der Vater und die Mutter: »Frisch, Gregor«, hätten sie rufen sollen, »immer nur heran, fest an das Schloss heran!« Und in der Vorstellung, dass sie alle seine Bemühungen mit Spannung verfolgten, verbiss er sich mit allem, was er an Kraft aufbringen konnte, besinnungslos in den Schlüssel. Je nach dem Fortschreiten der Drehung des Schlüssels umtanzte er das Schloss, hielt sich jetzt nur noch mit dem Munde aufrecht und je nach Bedarf hing er sich an den Schlüssel oder drückte ihn dann wieder nieder mit der ganzen Last seines Körpers. Der hellere Klang des endlich zurückschnappenden Schlosses erweckte Gregor förmlich. Aufatmend sagte er sich: »Ich habe also den Schlosser nicht gebraucht«, und legte den Kopf auf die Klinke, um die Türe gänzlich zu öffnen.

Da er die Türe auf diese Weise öffnen musste, war sie eigentlich schon recht weit geöffnet und er selbst noch nicht zu sehen. Er musste sich erst langsam um den einen Türflügel herumdrehen, und zwar sehr vorsichtig, wenn er nicht gerade vor dem Eintritt ins Zimmer plump auf den Rücken fallen wollte. Er war noch mit jener schwierigen Bewegung beschäftigt und hatte nicht Zeit, auf anderes zu achten, da hörte er schon den Prokuristen ein lautes »Oh!« ausstoßen – es klang, wie wenn der Wind saust – und nun sah er ihn auch, wie er, der der Nächste an der Türe war, die Hand gegen den offenen Mund drückte und langsam zurückwich, als vertreibe ihn eine unsichtbare, gleichmäßig fortwirkende Kraft. Die Mutter – sie stand hier trotz der Anwesenheit des Prokuristen mit von der Nacht her noch aufgelösten, hoch sich sträubenden Haaren – sah zuerst mit gefalteten Händen den Vater an, ging dann zwei Schritte zu Gregor hin und fiel inmitten ihrer rings um sie herum sich ausbreitenden Röcke nieder, das Gesicht ganz unauffindbar zu ihrer Brust gesenkt. Der Vater ballte mit feindseligem Ausdruck die Faust, als wollte er Gregor in sein Zimmer zurückstoßen, sah sich dann unsicher im Wohnzimmer um, beschattete dann mit den Händen die Augen und weinte, dass sich seine mächtige Brust schüttelte.

Gregor trat nun gar nicht in das Zimmer, sondern lehnte sich von innen an den festgeriegelten Türflügel, sodass sein Leib nur zur Hälfte und darüber der seitlich geneigte Kopf zu sehen war, mit dem er zu den anderen hinüberlugte. Es war inzwischen viel heller geworden; klar stand auf der anderen Straßenseite ein Ausschnitt des gegenüberliegenden, endlosen, grauschwarzen Hauses – es war ein Krankenhaus – mit seinen hart die Front durchbrechenden regelmäßigen Fenstern; der Regen fiel noch nieder, aber nur mit großen, einzeln sichtbaren und förmlich auch einzelnweise auf die Erde hinuntergeworfenen Tropfen. Das Frühstücksgeschirr stand in überreicher Zahl auf dem Tisch, denn für den Vater war das Frühstück die wichtigste Mahlzeit des Tages, die er bei der Lektüre verschiedener Zeitungen stundenlang hinzog. Gerade an der gegenüberliegenden Wand hing eine Fotografie Gregors aus seiner Militärzeit, die ihn als Leutnant darstellte, wie er, die Hand am Degen, sorglos lächelnd, Respekt für seine Haltung und Uniform verlangte. Die Tür zum Vorzimmer war geöffnet und man sah, da auch die Wohnungstür offen war, auf den Vorplatz der Wohnung hinaus und auf den Beginn der abwärts führenden Treppe.

Front: Vorderseite des Hauses

Leutnant: niedrigster Offiziersrang

»Nun«, sagte Gregor und war sich dessen wohl bewusst, dass er der Einzige war, der die Ruhe bewahrt hatte, »ich werde mich gleich anziehen, die Kollektion zusammenpacken und wegfahren. Wollt ihr, wollt ihr mich wegfahren lassen? Nun, Herr Prokurist, Sie sehen, ich bin nicht starrköpfig und ich arbeite gern; das Reisen ist beschwerlich, aber ich könnte ohne das Reisen nicht leben. Wohin gehen Sie denn, Herr Prokurist? Ins Geschäft? Ja? Werden Sie alles wahrheitsgetreu berichten? Man kann im Augenblick unfähig sein zu arbeiten, aber dann ist gerade der richtige

Zeitpunkt, sich an die früheren Leistungen zu erinnern und zu bedenken, dass man später, nach Beseitigung des Hindernisses, gewiss desto fleißiger und gesammelter arbeiten wird. Ich bin ja dem Herrn Chef so sehr verpflichtet, das wissen Sie doch recht gut. Andererseits habe ich die Sorge um meine Eltern und die Schwester. Ich bin in der Klemme, ich werde mich aber auch wieder herausarbeiten. Machen Sie es mir aber nicht schwieriger, als es schon ist. Halten Sie im Geschäft meine Partei! Man liebt den Reisenden nicht, ich weiß. Man denkt, er verdient ein Heidengeld und führt dabei ein schönes Leben. Man hat eben keine besondere Veranlassung, dieses Vorurteil zu durchdenken. Sie aber, Herr Prokurist, Sie haben einen besseren Überblick über die Verhältnisse als das sonstige Personal, ja sogar, ganz im Vertrauen gesagt, einen besseren Überblick als der Herr Chef selbst, der in seiner Eigenschaft als Unternehmer sich in seinem Urteil leicht zu Ungunsten eines Angestellten beirren lässt. Sie wissen auch sehr wohl, dass der Reisende, der fast das ganze Jahr außerhalb des Geschäftes ist, so leicht ein Opfer von Klatschereien, Zufälligkeiten und grundlosen Beschwerden werden kann, gegen die sich zu wehren ihm ganz unmöglich ist, da er von ihnen meistens gar nichts erfährt und nur dann, wenn er erschöpft eine Reise beendet hat, zu Hause die schlimmen, auf ihre Ursachen hin nicht mehr zu durchschauenden Folgen am eigenen Leibe zu spüren bekommt. Herr Prokurist, gehen Sie nicht weg, ohne mir ein Wort gesagt zu haben, das mir zeigt, dass Sie mir wenigstens zu einem kleinen Teil Recht geben!«

Aber der Prokurist hatte sich schon bei den ersten Worten Gregors abgewendet und nur über die zuckende Schulter hinweg sah er mit aufgeworfenen Lippen nach Gregor zurück. Und während Gregors Rede stand er keinen Augenblick still, sondern verzog sich, ohne Gregor aus den Augen zu lassen, gegen die Tür, aber ganz allmählich, als bestehe ein geheimes Verbot, das Zimmer zu verlassen. Schon war er im Vorzimmer und nach der plötzlichen Bewegung, mit der er zum letzten Mal den Fuß aus dem Wohnzimmer zog, hätte man glauben können, er habe sich soeben die Sohle verbrannt. Im Vorzimmer aber streckte er die rechte Hand weit von sich zur Treppe hin, als warte dort auf ihn eine geradezu überirdische Erlösung.

Gregor sah ein, dass er den Prokuristen in dieser Stimmung auf keinen Fall weggehen lassen dürfe, wenn dadurch seine Stellung im Geschäft nicht aufs Äußerste gefährdet werden sollte. Die Eltern verstanden das alles nicht so gut; sie hatten sich in den langen Jahren die Überzeugung gebildet, dass Gregor in diesem Geschäft für sein Leben versorgt war, und hatten außerdem jetzt mit den augenblicklichen Sorgen so viel zu tun, dass ihnen jede Voraussicht abhanden gekommen war. Aber Gregor hatte diese Voraussicht. Der Prokurist musste gehalten, beruhigt, überzeugt und schließlich gewonnen werden; die Zukunft Gregors und seiner Familie hing doch davon ab! Wäre doch die Schwester hier gewesen! Sie war klug; sie hatte schon geweint, als Gregor noch ruhig auf dem Rücken lag. Und gewiss hätte der Prokurist, dieser Damenfreund, sich von ihr lenken lassen; sie hätte die Wohnungstür zugemacht und ihm im Vorzimmer den Schrecken ausgeredet. Aber die Schwester war eben nicht da, Gregor selbst musste handeln. Und ohne daran zu denken, dass er seine gegenwärtigen Fähigkeiten, sich zu bewegen, noch gar nicht kannte, ohne auch daran zu denken, dass seine Rede möglicher-, ja wahrscheinlicherweise wieder nicht verstanden worden war, verließ er den Türflügel; schob sich durch die Öffnung; wollte zum Prokuristen hingehen, der sich schon am Geländer des Vorplatzes lächerlicherweise mit beiden Händen festhielt; fiel aber sofort, nach einem Halt suchend, mit einem kleinen Schrei auf seine vielen Beinchen nieder. Kaum war das geschehen, fühlte er zum ersten Mal an diesem Morgen ein körperliches Wohlbehagen; die Beinchen hatten festen Boden unter sich; sie gehorchten vollkommen, wie er zu seiner Freude merkte; strebten sogar danach, ihn fortzutragen, wohin er wollte; und schon glaubte er, die endgültige Besserung alles Leidens stehe unmittelbar bevor. Aber im gleichen Augenblick, als er da schaukelnd vor verhaltener Bewegung gar nicht weit von seiner Mutter entfernt ihr doch gerade gegenüber auf dem Boden lag, sprang diese, die doch so ganz in sich versunken schien, mit einem Male in die Höhe, die Arme weit ausgestreckt, die Finger gespreizt, rief: »Hilfe, um Gottes willen, Hilfe!«, hielt den Kopf geneigt, als wolle sie Gregor besser sehen, lief aber im Widerspruch dazu sinnlos zurück; hatte vergessen, dass hinter ihr der gedeckte Tisch stand; setzte sich, als sie bei ihm angekommen war, wie in Zerstreutheit, eilig auf ihn und schien gar nicht zu merken, dass neben ihr aus der umgeworfenen großen Kanne der Kaffee in vollem Strome auf den Teppich sich ergoss.

»Mutter, Mutter«, sagte Gregor leise und sah zu ihr hinauf. Der Prokurist war ihm für einen Augenblick ganz aus dem Sinn gekommen; dagegen konnte er sich nicht versagen, im Anblick des fließenden Kaffees mehrmals mit den Kiefern ins Leere zu schnappen. Darüber schrie die Mutter neuerdings auf, flüchtete vom Tisch und fiel dem ihr entgegeneilenden Vater in die Arme. Aber Gregor hatte jetzt keine Zeit für seine Eltern; der Prokurist war schon auf der Treppe; das Kinn auf dem Geländer, sah er noch zum letzten Male zurück. Gregor nahm einen Anlauf, um ihn möglichst sicher einzuholen; der Prokurist musste etwas ahnen, denn er machte einen Sprung über mehrere Stufen und verschwand; »Huh!«, aber schrie er noch, es klang durchs ganze Treppenhaus. Leider schien nun auch diese Flucht des Prokuristen den Vater, der bisher verhältnismäßig gefasst gewesen war, völlig zu verwirren, denn statt selbst dem Prokuristen nachzulaufen oder wenigstens Gregor in der Verfolgung nicht zu hindern, packte er mit der Rechten den Stock des Prokuristen, den dieser mit Hut und Überzieher auf einem Sessel zurückgelassen hatte,

Überzieher: Mantel

holte mit der Linken eine große Zeitung vom Tisch und machte sich unter Füßestampfen daran, Gregor durch Schwenken des Stockes und der Zeitung in sein Zimmer zurückzutreiben. Kein Bitten Gregors half, kein Bitten wurde auch verstanden, er mochte den Kopf noch so demütig drehen, der Vater stampfte nur stärker mit den Füßen. Drüben hatte die Mutter trotz des kühlen Wetters ein Fenster aufgerissen und hinausgelehnt drückte sie ihr Gesicht weit außerhalb des Fensters in ihre Hände. Zwischen Gasse und Treppenhaus entstand eine starke Zugluft, die Fenstervorhänge flogen auf, die Zeitungen auf dem Tische rauschten, einzelne Blätter wehten über den Boden hin. Unerbittlich drängte der Vater und stieß Zischlaute aus, wie ein Wilder. Nun hatte aber Gregor noch gar keine Übung im Rückwärtsgehen, es ging wirklich sehr langsam. Wenn sich Gregor nur hätte umdrehen dürfen, er wäre gleich in seinem Zimmer gewesen, aber er fürchtete sich, den Vater durch die zeitraubende Umdrehung ungeduldig zu machen, und jeden Augenblick drohte ihm doch von dem Stock in des Vaters Hand der tödliche Schlag auf den Rücken oder auf den Kopf. Endlich aber blieb Gregor doch nichts anderes übrig, denn er merkte mit Entsetzen, dass er im Rückwärtsgehen nicht einmal die Richtung einzuhalten verstand; und so begann er unter unaufhörlichen ängstlichen Seitenblicken nach dem Vater sich nach Möglichkeit rasch, in Wirklichkeit aber doch nur sehr langsam umzudrehen. Vielleicht merkte der Vater seinen guten Willen, denn er störte ihn hierbei nicht, sondern dirigierte sogar hie und da die Drehbewegung von der Ferne mit der Spitze seines Stockes. Wenn nur nicht dieses unerträgliche Zischen des Vaters gewesen wäre! Gregor verlor darüber ganz den Kopf. Er war schon fast ganz umgedreht, als er sich immer auf dieses Zischen horchend sogar irrte und sich wieder ein Stück zurückdrehte. Als er aber endlich glücklich mit dem Kopf vor der Türöffnung war, zeigte es sich, dass sein Körper zu breit war, um ohne weiteres durchzukommen. Dem Vater fiel es natürlich in seiner gegenwärtigen Verfassung auch nicht entfernt ein, etwa den anderen Türflügel zu öffnen, um für Gregor einen genügenden Durchgang zu schaffen. Seine fixe Idee war bloß, dass Gregor so rasch als möglich in sein Zimmer müsse. Niemals hätte er auch die umständlichen Vorbereitungen gestattet, die Gregor brauchte, um sich aufzurichten und vielleicht auf diese Weise durch die Tür zu kommen. Vielmehr trieb er, als gäbe es kein Hindernis, Gregor jetzt unter besonderem Lärm vorwärts; es klang schon hinter Gregor gar nicht mehr wie die Stimme bloß eines einzigen Vaters; nun gab es wirklich keinen Spaß mehr und Gregor drängte sich – geschehe was wolle – in die Tür. Die eine Seite seines Körpers hob sich, er lag schief in der Türöffnung, seine eine Flanke war ganz wund gerieben, an der weißen Tür blieben hässliche Flecken, bald steckte er fest und hätte sich allein nicht mehr rühren können, die Beinchen auf der einen Seite hingen zitternd oben in der Luft, die auf der anderen waren schmerzhaft zu Boden gedrückt – da gab ihm der Vater von hinten einen jetzt wahrhaftig erlösenden Stoß, und er flog heftig blutend weit in sein Zimmer hinein. Die Tür wurde noch mit dem Stock zugeschlagen, dann war es endlich still.

II.

Erst in der Abenddämmerung erwachte Gregor aus seinem schweren ohnmachtsähnlichen Schlaf. Er wäre gewiss nicht viel später auch ohne Störung erwacht, denn er fühlte sich genügend ausgeruht und ausgeschlafen, doch schien es ihm, als hätte ihn ein flüchtiger Schritt und ein vorsichtiges Schließen der zum Vorzimmer führenden Tür geweckt. Der Schein der elektrischen Straßenlampen lag bleich hier und da auf der Zimmerdecke und auf den höheren Teilen der Möbel, aber unten bei Gregor war es finster. Langsam schob er sich, noch ungeschickt mit seinen Fühlern tastend, die er jetzt erst schätzen lernte, zur Türe hin, um nachzusehen, was dort geschehen war. Seine linke Seite schien eine einzige lange, unangenehm spannende Narbe und er musste auf seinen zwei Beinreihen regelrecht hinken. Ein Beinchen war übrigens im Laufe der vormittägigen Vorfälle schwer verletzt worden – es war fast ein Wunder, dass nur eines verletzt worden war – und schleppte leblos nach.

Erst bei der Tür merkte er, was ihn dorthin eigentlich gelockt hatte; es war der Geruch von etwas Essbarem gewesen. Denn dort stand ein Napf mit süßer Milch gefüllt, in der kleine Schnitten von Weißbrot schwammen. Fast hätte er vor Freude gelacht, denn er hatte noch größeren Hunger als am Morgen, und gleich tauchte er seinen Kopf fast bis über die Augen in die Milch hinein. Aber bald zog er ihn enttäuscht wieder zurück; nicht nur, dass ihm das Essen wegen seiner heiklen linken Seite Schwierigkeiten machte – und er konnte nur essen, wenn der ganze Körper schnaufend mitarbeitete –, so schmeckte ihm überdies die Milch, die sonst sein Lieblingsgetränk war und die ihm gewiss die Schwester deshalb hereingestellt hatte, gar nicht, ja er wandte sich fast mit Widerwillen von dem Napf ab und kroch in die Zimmermitte zurück.

Im Wohnzimmer war, wie Gregor durch die Türspalte sah, das Gas angezündet, aber während sonst zu dieser Tageszeit der Vater seine nachmittags erscheinende Zeitung der Mutter und manchmal auch der Schwester mit erhobener Stimme vorzulesen pflegte, hörte man jetzt keinen Laut. Nun, vielleicht war dieses Vorlesen, von dem ihm die Schwester immer erzählte und schrieb, in der letzten Zeit überhaupt aus der Übung gekommen. Aber auch ringsherum war es so still, trotzdem doch gewiss die Wohnung nicht leer war. »Was für ein stilles Leben die Familie doch führte«, sagte sich Gregor und fühlte, während er starr vor

das Gas: Gaslampe

sich ins Dunkle sah, einen großen Stolz darüber, dass er seinen Eltern und seiner Schwester ein solches Leben in einer so schönen Wohnung hatte verschaffen können. Wie aber, wenn jetzt alle Ruhe, aller Wohlstand, alle Zufriedenheit ein Ende mit Schrecken nehmen sollte? Um sich nicht in solche Gedanken zu verlieren, setzte sich Gregor lieber in Bewegung und kroch im Zimmer auf und ab.

Einmal während des langen Abends wurde die eine Seitentüre und einmal die andere bis zu einer kleinen Spalte geöffnet und rasch wieder geschlossen; jemand hatte wohl das Bedürfnis hereinzukommen, aber auch wieder zu viele Bedenken. Gregor machte nun unmittelbar bei der Wohnzimmertür Halt, entschlossen, den zögernden Besucher doch irgendwie hereinzubringen oder doch wenigstens zu erfahren, wer es sei; aber nun wurde die Tür nicht mehr geöffnet und Gregor wartete vergebens. Früh, als die Türen versperrt waren, hatten alle zu ihm hereinkommen wollen, jetzt, da er die eine Tür geöffnet hatte und die anderen offenbar während des Tages geöffnet worden waren, kam keiner mehr, und die Schlüssel steckten nun auch von außen.

Spät erst in der Nacht wurde das Licht im Wohnzimmer ausgelöscht und nun war leicht festzustellen, dass die Eltern und die Schwester so lange wach geblieben waren, denn wie man genau hören konnte, entfernten sich jetzt alle drei auf den Fußspitzen.

Nun kam gewiss bis zum Morgen niemand mehr zu Gregor herein; er hatte also eine lange Zeit, um ungestört zu überlegen, wie er sein Leben jetzt neu ordnen sollte. Aber das hohe freie Zimmer, in dem er gezwungen war, flach auf dem Boden zu liegen, ängstigte ihn, ohne dass er die Ursache herausfinden konnte, denn es war ja sein seit fünf Jahren von ihm bewohntes Zimmer – und mit einer halb unbewussten Wendung und nicht ohne eine leichte Scham eilte er unter das Kanapee, wo er sich, trotzdem sein Rücken ein wenig gedrückt wurde und trotzdem er den Kopf

Kanapee: Sofa

nicht mehr erheben konnte, gleich sehr behaglich fühlte und nur bedauerte, dass sein Körper zu breit war, um vollständig unter dem Kanapee untergebracht zu werden.

Dort blieb er die ganze Nacht, die er zum Teil im Halbschlaf, aus dem ihn der Hunger immer wieder aufschreckte, verbrachte, zum Teil aber in Sorgen und undeutlichen Hoffnungen, die aber alle zu dem Schlusse führten, dass er sich vorläufig ruhig verhalten und durch Geduld und größte Rücksichtnahme der Familie die Unannehmlichkeiten erträglich machen müsse, die er ihr in seinem gegenwärtigen Zustand nun einmal zu verursachen gezwungen war.

Schon am frühen Morgen, es war fast noch Nacht, hatte Gregor Gelegenheit, die Kraft seiner eben gefassten Entschlüsse zu prüfen, denn vom Vorzimmer her öffnete die Schwester fast völlig angezogen die Tür und sah mit Spannung herein. Sie fand ihn nicht gleich, aber als sie ihn unter dem Kanapee bemerkte – Gott, er musste doch irgendwo sein, er hatte doch nicht wegfliegen können –, erschrak sie so sehr, dass sie, ohne sich beherrschen zu können, die Tür von außen wieder zuschlug. Aber als bereue sie ihr Benehmen, öffnete sie die Tür sofort wieder und trat, als sei sie bei einem Schwerkranken oder gar bei einem Fremden, auf den Fußspitzen herein. Gregor hatte den Kopf bis knapp zum Rande des Kanapees vorgeschoben und beobachtete sie. Ob sie wohl bemerken würde, dass er die Milch stehen gelassen hatte, und zwar keineswegs aus Mangel an Hunger, und ob sie eine andere Speise hereinbringen würde, die ihm besser entsprach? Täte sie es nicht von selbst, er wollte lieber verhungern, als sie darauf aufmerksam machen, trotzdem es ihn eigentlich ungeheuer drängte, unterm Kanapee vorzuschießen, sich der Schwester zu Füßen zu werfen und sie um irgendetwas Gutes zum Essen zu bitten. Aber die Schwester bemerkte sofort mit Verwunderung den noch vollen Napf, aus dem nur ein wenig Milch ringsherum verschüttet war, sie hob ihn gleich auf, zwar nicht mit den bloßen Händen, sondern mit einem Fetzen, und

Fetzen: *hier* Putzlappen

trug ihn hinaus. Gregor war äußerst neugierig, was sie zum Ersatze bringen würde, und er machte sich die verschiedensten Gedanken darüber. Niemals aber hätte er erraten können, was die Schwester in ihrer Güte wirklich tat. Sie brachte ihm, um seinen Geschmack zu prüfen, eine ganze Auswahl, alles auf einer alten Zeitung ausgebreitet. Da war altes, halb verfaultes Gemüse; Knochen vom Nachtmahl her, die von fest gewordener weißer Soße umgeben waren; ein paar Rosinen und Mandeln; ein Käse, den Gregor vor zwei Tagen für ungenießbar erklärt hatte; ein trockenes Brot, ein mit Butter beschmiertes Brot und ein mit Butter beschmiertes und gesalzenes Brot. Außerdem stellte sie zu dem allen noch den wahrscheinlich ein für alle Mal für Gregor bestimmten Napf, in den sie Wasser gegossen hatte. Und aus Zartgefühl, da sie wusste, dass Gregor vor ihr nicht essen würde, entfernte sie sich eiligst und drehte sogar den Schlüssel um, damit nur Gregor merken könne, dass er es sich so behaglich machen dürfe, wie er wolle. Gregors Beinchen schwirrten, als es jetzt zum Essen ging. Seine Wunden mussten übrigens auch schon vollständig geheilt sein, er fühlte keine Behinderung mehr, er staunte darüber und dachte daran, wie er vor mehr als einem Monat sich mit dem Messer ganz wenig in den Finger geschnitten und wie ihm diese Wunde noch vorgestern genug wehgetan hatte. »Sollte ich jetzt weniger Feingefühl haben?«, dachte er und saugte schon gierig an dem Käse, zu dem es ihn vor allen anderen Speisen sofort und nachdrücklich gezogen hatte. Rasch hintereinander und mit vor Befriedigung tränenden Augen verzehrte er den Käse, das Gemüse und die Soße; die frischen Speisen dagegen schmeckten ihm nicht, er konnte nicht einmal ihren Geruch vertragen und schleppte sogar die Sachen, die er essen wollte, ein Stückchen weiter weg. Er war schon längst mit allem fertig und lag nur noch faul auf der gleichen Stelle, als die Schwester zum Zeichen, dass er sich zurückziehen solle, langsam den Schlüssel umdrehte. Das schreckte ihn sofort auf, trotzdem er schon fast schlummerte, und er eilte wieder unter das Kanapee. Aber es kostete ihn große Selbstüberwindung, auch nur die kurze Zeit, während welcher die Schwester im Zimmer war, unter dem Kanapee zu bleiben, denn von dem reichlichen Essen hatte sich sein Leib ein wenig gerundet und er konnte dort in der Enge kaum atmen. Unter kleinen Erstickungsanfällen sah er mit etwas hervorgequollenen Augen zu, wie die nichtsahnende Schwester mit einem Besen nicht nur die Überbleibsel zusammenkehrte, sondern selbst die von Gregor gar nicht berührten Speisen, als seien also auch diese nicht mehr zu gebrauchen, und wie sie alles hastig in einen Kübel schüttete, den sie mit einem Holzdeckel schloss, worauf sie alles hinaustrug. Kaum hatte sie sich umgedreht, zog sich schon Gregor unter dem Kanapee hervor und streckte und blähte sich.

Auf diese Weise bekam nun Gregor täglich sein Essen, einmal am Morgen, wenn die Eltern und das Dienstmädchen noch schliefen, das zweite Mal nach dem allgemeinen Mittagessen, denn dann schliefen die Eltern gleichfalls noch ein Weilchen und das Dienstmädchen wurde von der Schwester mit irgendeiner Besorgung weggeschickt. Gewiss wollten auch sie nicht, dass Gregor verhungere, aber vielleicht hätten sie es nicht ertragen können, von seinem Essen mehr als durch Hörensagen zu erfahren, vielleicht wollte die Schwester ihnen auch eine möglicherweise nur kleine Trauer ersparen, denn tatsächlich litten sie ja gerade genug.

Mit welchen Ausreden man an jenem ersten Vormittag den Arzt und den Schlosser wieder aus der Wohnung geschafft hatte, konnte Gregor gar nicht erfahren, denn da er nicht verstanden wurde, dachte niemand daran, auch die Schwester nicht, dass er die anderen verstehen könne, und so musste er sich, wenn die Schwester in seinem Zimmer war, damit begnügen, nur hier und da ihre Seufzer und Anrufe der Heiligen zu hören. Erst später, als sie sich ein wenig an alles gewöhnt hatte – von vollständiger Gewöhnung konnte natürlich niemals die Rede sein –, erhaschte Gregor manchmal eine Bemerkung, die freundlich gemeint war oder so gedeutet werden konnte. »Heute hat es ihm aber geschmeckt«, sagte sie, wenn Gregor unter dem Essen tüchtig aufgeräumt hatte, während sie im gegenteiligen Fall, der sich allmählich immer häufiger wiederholte, fast traurig zu sagen pflegte: »Nun ist wieder alles stehen geblieben.«

Während aber Gregor unmittelbar keine Neuigkeiten erfahren konnte, erhorchte er manches aus den Nebenzimmern und wo er nur einmal Stimmen hörte, lief er gleich zu der betreffenden Tür und drückte sich mit ganzem Leib an sie. Besonders in der ersten Zeit gab es kein Gespräch, das nicht irgendwie, wenn auch nur im Geheimen, von ihm handelte. Zwei Tage lang waren bei allen Mahlzeiten Beratungen darüber zu hören, wie man sich jetzt verhalten solle; aber auch zwischen den Mahlzeiten sprach man über das gleiche Thema, denn immer waren zumindest zwei Familienmitglieder zu Hause, da wohl niemand allein zu Hause bleiben wollte und man die Wohnung doch auf keinen Fall gänzlich verlassen konnte. Auch hatte das Dienstmädchen gleich am ersten Tag – es war nicht ganz klar, was und wie viel sie von dem Vorgefallenen wusste – kniefällig die Mutter gebeten, sie sofort zu entlassen, und als sie sich eine Viertelstunde danach verabschiedete, dankte sie für die Entlassung unter Tränen, wie für die größte Wohltat, die man ihr hier erwiesen hatte, und gab, ohne dass man es von ihr verlangte, einen fürchterlichen Schwur ab, niemandem auch nur das Geringste zu verraten.

Nun musste die Schwester im Verein mit der Mutter auch kochen; allerdings machte das nicht viel Mühe, denn man aß fast nichts. Immer wieder hörte Gregor, wie der eine den anderen vergebens zum Essen aufforderte und keine andere Antwort bekam, als: »Danke, ich habe genug« oder etwas Ähnliches. Getrunken wurde vielleicht auch nichts.

Öfters fragte die Schwester den Vater, ob er Bier haben wolle, und herzlich erbot sie sich, es selbst zu holen, und als der Vater schwieg, sagte sie, um ihm jedes Bedenken zu nehmen, sie könne auch die Hausmeisterin darum schicken, aber dann sagte der Vater schließlich ein großes »Nein« und es wurde nicht mehr davon gesprochen.

Schon im Laufe des ersten Tages legte der Vater die ganzen Vermögensverhältnisse und Aussichten sowohl der Mutter als auch der Schwester dar. Hie und da stand er vom Tische auf und holte aus seiner kleinen Wertheimkassa, die er aus dem vor fünf Jahren erfolgten Zusammenbruch seines Geschäftes gerettet hatte, irgendeinen Beleg oder irgendein Vormerkbuch. Man hörte, wie er das komplizierte Schloss aufsperrte und nach Entnahme des Gesuchten wieder verschloss. Diese Erklärungen des Vaters waren zum Teil das erste Erfreuliche, was Gregor seit seiner Gefangenschaft zu hören bekam. Er war der Meinung gewesen, dass dem Vater von jenem Geschäft her nicht das Geringste übriggeblieben war, zumindest hatte ihm der Vater nichts Gegenteiliges gesagt und Gregor allerdings hatte ihn auch nicht darum gefragt. Gregors Sorge war damals nur gewesen, alles daranzusetzen, um die Familie das geschäftliche Unglück, das alle in eine vollständige Hoffnungslosigkeit gebracht hatte, möglichst rasch vergessen zu lassen. Und so hatte er damals mit ganz besonderem Feuer zu arbeiten angefangen und war fast über Nacht aus einem kleinen Kommis ein Reisender geworden, der natürlich ganz andere Möglichkeiten des Geldverdienens hatte und dessen Arbeitserfolge sich sofort in Form der Provision zu Bargeld verwandelten, das der erstaunten und beglückten Familie zu Hause auf den Tisch gelegt werden konnte. Es waren schöne Zeiten gewesen und niemals nachher hatten sie sich, wenigstens in diesem Glanze, wiederholt, trotzdem Gregor später so viel Geld verdiente, dass er den Aufwand der ganzen Familie zu tragen im Stande war und auch trug. Man hatte sich eben daran gewöhnt, sowohl die Familie als

Wertheimkassa: Tresor

Kommis: kaufmännischer Gehilfe

Provision: Erfolgsprämie, Beteiligung am finanziellen Gewinn eines Unternehmens

Konservatorium: Hochschule für Musik

auch Gregor, man nahm das Geld dankbar an, er lieferte es gern ab, aber eine besondere Wärme wollte sich nicht mehr ergeben. Nur die Schwester war Gregor doch noch nahe geblieben und es war sein geheimer Plan, sie, die zum Unterschied von Gregor Musik sehr liebte und rührend Violine zu spielen verstand, nächstes Jahr, ohne Rücksicht auf die großen Kosten, die das verursachen musste und die man schon auf andere Weise hereinbringen würde, auf das Konservatorium zu schicken. Öfters während der kurzen Aufenthalte Gregors in der Stadt wurde in den Gesprächen mit der Schwester das Konservatorium erwähnt, aber immer nur als schöner Traum, an dessen Verwirklichung nicht zu denken war, und die Eltern hörten nicht einmal diese unschuldigen Erwähnungen gern; aber Gregor dachte sehr bestimmt daran und beabsichtigte es am Weihnachtsabend feierlich zu erklären.

Solche in seinem gegenwärtigen Zustand ganz nutzlose Gedanken gingen ihm durch den Kopf, während er dort aufrecht an der Türe klebte und horchte. Manchmal konnte er vor allgemeiner Müdigkeit gar nicht mehr zuhören und ließ den Kopf nachlässig gegen die Tür schlagen, hielt ihn aber sofort wieder fest, denn selbst das kleine Geräusch, das er damit verursacht hatte, war nebenan gehört worden und hatte alle verstummen lassen. »Was er nur wieder treibt«, sagte der Vater nach einer Weile offenbar zur Türe hingewendet, und dann erst wurde das unterbrochene Gespräch allmählich wieder aufgenommen.

Gregor erfuhr nun zur Genüge – denn der Vater pflegte sich in seinen Erklärungen öfters zu wiederholen, teils, weil er selbst sich mit diesen Dingen schon lange nicht beschäftigt hatte, teils auch, weil die Mutter nicht alles gleich beim ersten Mal verstand –, dass trotz allen Unglücks ein allerdings ganz kleines Vermögen aus der alten Zeit noch vorhanden war, das die nicht angerührten Zinsen in der Zwischenzeit ein wenig hatten anwachsen lassen. Außerdem aber war das Geld, das Gregor allmonatlich nach

Hause gebracht hatte – er selbst hatte nur ein paar Gulden für sich behalten –, nicht vollständig aufgebraucht worden und hatte sich zu einem kleinen Kapital angesammelt. Gregor, hinter seiner Türe, nickte eifrig, erfreut über diese unerwartete Vorsicht und Sparsamkeit. Eigentlich hätte er ja mit diesen überschüssigen Geldern die Schuld des Vaters gegenüber dem Chef weiter abgetragen haben können, und jener Tag, an dem er diesen Posten hätte loswerden können, wäre weit näher gewesen, aber jetzt war es zweifellos besser so, wie es der Vater eingerichtet hatte.

Nun genügte dieses Geld aber ganz und gar nicht, um die Familie etwa von den Zinsen leben zu lassen; es genügte vielleicht, um die Familie ein, höchstens zwei Jahre zu erhalten, mehr war es nicht. Es war also bloß eine Summe, die man eigentlich nicht angreifen durfte und die für den Notfall zurückgelegt werden musste; das Geld zum Leben aber musste man verdienen. Nun war aber der Vater ein zwar gesunder, aber alter Mann, der schon fünf Jahre nichts gearbeitet hatte und sich jedenfalls nicht viel zutrauen durfte; er hatte in diesen fünf Jahren, welche die ersten Ferien seines mühevollen und doch erfolglosen Lebens waren, viel Fett angesetzt und war dadurch recht schwerfällig geworden. Und die alte Mutter sollte nun vielleicht Geld verdienen, die an Asthma litt, der eine Wanderung durch die Wohnung schon Anstrengung verursachte und die jeden zweiten Tag in Atembeschwerden auf dem Sofa beim offenen Fenster verbrachte? Und die Schwester sollte Geld verdienen, die noch ein Kind war mit ihren siebzehn Jahren und der ihre bisherige Lebensweise so sehr zu gönnen war, die daraus bestanden hatte, sich nett zu kleiden, lange zu schlafen, in der Wirtschaft mitzuhelfen, an ein paar bescheidenen Vergnügungen sich zu beteiligen und vor allem Violine zu spielen? Wenn die Rede auf diese Notwendigkeit des Geldverdienens kam, ließ zuerst immer Gregor die Türe los und warf sich auf das neben der

Wirtschaft: *hier* Haushalt

Tür befindliche kühle Ledersofa, denn ihm war ganz heiß vor Beschämung und Trauer.

Oft lag er die ganzen langen Nächte über, schlief keinen Augenblick und scharrte nur stundenlang auf dem Leder. Oder er scheute nicht die große Mühe, einen Sessel zum Fenster zu schieben, dann die Fensterbrüstung hinaufzukriechen und in den Sessel gestemmt sich ans Fenster zu lehnen, offenbar nur in irgendeiner Erinnerung an das Befreiende, das früher für ihn darin gelegen war, aus dem Fenster zu schauen.

Denn tatsächlich sah er von Tag zu Tag die auch nur ein wenig entfernten Dinge immer undeutlicher; das gegenüberliegende Krankenhaus, dessen nur allzu häufigen Anblick er früher verflucht hatte, bekam er überhaupt nicht mehr zu Gesicht, und wenn er nicht genau gewusst hätte, dass er in der stillen, aber völlig städtischen Charlottenstraße wohnte, hätte er glauben können, von seinem Fenster aus in eine Einöde zu schauen, in welcher der graue Himmel und die graue Erde ununterscheidbar sich vereinigten. Nur zweimal hatte die aufmerksame Schwester sehen müssen, dass der Sessel beim Fenster stand, als sie schon jedes Mal, nachdem sie das Zimmer aufgeräumt hatte, den Sessel wieder genau zum Fenster hinschob, ja sogar von nun ab den inneren Fensterflügel offen ließ.

Hätte Gregor nur mit der Schwester sprechen und ihr für alles danken können, was sie für ihn machen musste, er hätte ihre Dienste leichter ertragen; so aber litt er darunter. Die Schwester suchte freilich die Peinlichkeit des Ganzen möglichst zu verwischen, und je längere Zeit verging, desto besser gelang es ihr natürlich auch, aber auch Gregor durchschaute mit der Zeit alles viel genauer. Schon ihr Eintritt war für ihn schrecklich. Kaum war sie eingetreten, lief sie, ohne sich Zeit zu nehmen, die Türe zu schließen, sosehr sie sonst darauf achtete, jedem den Anblick von Gregors Zimmer zu ersparen, geradewegs zum Fenster und riss es, als ersticke sie fast, mit hastigen Händen auf, blieb auch, selbst wenn es noch so kalt war, ein Weilchen beim Fenster und atmete tief. Mit diesem Laufen und Lärmen erschreckte sie Gregor täglich zweimal; die ganze Zeit über zitterte er unter dem Kanapee und wusste doch sehr gut, dass sie ihn gewiss gerne damit verschont hätte, wenn es ihr nur möglich gewesen wäre, sich in einem Zimmer, in dem sich Gregor befand, bei geschlossenem Fenster aufzuhalten.

Einmal, es war wohl schon ein Monat seit Gregors Verwandlung vergangen, und es war doch schon für die Schwester kein besonderer Grund mehr, über Gregors Aussehen in Erstaunen zu geraten, kam sie ein wenig früher als sonst und traf Gregor noch an, wie er, unbeweglich und so recht zum Erschrecken aufgestellt, aus dem Fenster schaute. Es wäre für Gregor nicht unerwartet gewesen, wenn sie nicht eingetreten wäre, da er sie durch seine Stellung verhinderte, sofort das Fenster zu öffnen, aber sie trat nicht nur nicht ein, sie fuhr sogar zurück und schloss die Tür; ein Fremder hätte geradezu denken können, Gregor habe ihr aufgelauert und habe sie beißen wollen. Gregor versteckte sich natürlich sofort unter dem Kanapee, aber er musste bis zum Mittag warten, ehe die Schwester wiederkam, und sie schien viel unruhiger als sonst. Er erkannte daraus, dass ihr sein Anblick noch immer unerträglich war und ihr auch weiterhin unerträglich bleiben müsse und dass sie sich wohl sehr überwinden musste, vor dem Anblick auch nur der kleinen Partie seines Körpers nicht davonzulaufen, mit der er unter dem Kanapee hervorragte. Um ihr auch diesen Anblick zu ersparen, trug er eines Tages auf seinem Rücken – er brauchte zu dieser Arbeit vier Stunden – das Leintuch auf das Kanapee und ordnete es in einer solchen Weise an, dass er nun gänzlich verdeckt war und dass die Schwester, selbst wenn sie sich bückte, ihn nicht sehen konnte. Wäre dieses Leintuch ihrer Meinung nach nicht nötig gewesen, dann hätte sie es ja entfernen können, denn dass es nicht zum Vergnügen Gregors gehören konnte, sich so ganz und gar abzusperren, war doch klar genug, aber sie ließ das Leintuch, so wie es war, und Gregor glaubte sogar einen dankbaren Blick erhascht zu haben, als er einmal mit dem Kopf vorsichtig das Leintuch ein wenig lüftete, um nachzusehen, wie die Schwester die neue Einrichtung aufnahm.

In den ersten vierzehn Tagen konnten es die Eltern nicht über sich bringen, zu ihm hereinzukommen, und er hörte oft, wie sie die jetzige Arbeit der Schwester völlig anerkannten, während sie sich bisher häufig über die Schwester geärgert hatten, weil sie ihnen als ein etwas nutzloses Mädchen erschienen war. Nun aber warteten oft beide, der Vater und die Mutter, vor Gregors Zimmer, während die Schwester dort aufräumte, und kaum war sie herausgekommen, musste sie ganz genau erzählen, wie es in dem Zimmer aussah, was Gregor gegessen hatte, wie er sich diesmal benommen hatte und ob vielleicht eine kleine Besserung zu bemerken war. Die Mutter übrigens wollte verhältnismäßig bald Gregor besuchen, aber der Vater und die Schwester hielten sie zuerst mit Vernunftgründen zurück, denen Gregor sehr aufmerksam zuhörte und die er vollständig billigte. Später aber musste man sie mit Gewalt zurückhalten, und wenn sie dann rief: »Lasst mich doch zu Gregor, er ist ja mein unglücklicher Sohn! Begreift ihr es denn nicht, dass ich zu ihm muss?«, dann dachte Gregor, dass es vielleicht doch gut wäre, wenn die Mutter hereinkäme, nicht jeden Tag natürlich, aber vielleicht einmal in der Woche; sie verstand doch alles viel besser als die Schwester, die trotz all ihrem Mute doch nur ein Kind war und im letzten Grunde vielleicht nur aus kindlichem Leichtsinn eine so schwere Aufgabe übernommen hatte.

Der Wunsch Gregors, die Mutter zu sehen, ging bald in Erfüllung. Während des Tages wollte Gregor schon aus Rücksicht auf seine Eltern sich nicht beim Fenster zeigen, kriechen konnte er aber auf den paar Quadratmetern des Fußbodens auch nicht viel, das ruhige Liegen ertrug er schon während der Nacht schwer, das Essen machte ihm bald nicht mehr das geringste Vergnügen und so nahm er zur Zerstreuung die Gewohnheit an, kreuz und quer über Wände und Plafond zu kriechen. Besonders oben an der Decke hing er gern; es war ganz anders als das Liegen auf dem Fußboden; man atmete freier; ein leichtes Schwingen ging durch den Körper und in der fast glücklichen Zerstreutheit, in der sich Gregor dort oben befand, konnte es geschehen, dass er zu seiner eigenen Überraschung sich losließ und auf den Boden klatschte. Aber nun hatte er natürlich seinen Körper ganz anders in der Gewalt als früher und beschädigte sich selbst bei einem so großen Falle nicht. Die Schwester nun bemerkte sofort die neue Unterhaltung, die Gregor für sich gefunden hatte – er hinterließ ja auch beim Kriechen hie und da Spuren seines Klebstoffes –, und da setzte sie es sich in den Kopf, Gregor das Kriechen in größtem Ausmaße zu ermöglichen und die Möbel, die es verhinderten, also vor allem den Kasten und den Schreibtisch, wegzuschaffen. Nun war sie aber nicht im Stande, dies allein zu tun; den Vater wagte sie nicht um Hilfe zu bitten; das Dienstmädchen hätte ihr ganz gewiss nicht geholfen, denn dieses etwa sechzehnjährige Mädchen harrte zwar tapfer seit der Entlassung der früheren Köchin aus, hatte aber um die Vergünstigung gebeten, die Küche unaufhörlich versperrt halten zu dürfen und nur auf besonderen Anruf öffnen zu müssen; so blieb der Schwester also nichts übrig, als einmal in Abwesenheit des Vaters die Mutter zu holen. Mit Ausrufen erregter Freude kam die Mutter auch heran, verstummte aber an der Tür vor Gregors Zimmer. Zuerst sah natürlich die Schwester nach, ob alles im Zimmer in Ordnung war; dann erst ließ sie die Mutter eintreten. Gregor hatte in größter Eile das Leintuch noch tiefer und mehr in Falten gezogen, das Ganze sah wirklich nur wie ein zufällig über das Kanapee geworfenes Leintuch aus. Gregor unterließ auch diesmal, unter dem Leintuch zu spionieren; er verzichtete darauf, die Mutter

Plafond: Zimmerdecke

schon diesmal zu sehen, und war nur froh, dass sie nun doch gekommen war. »Komm nur, man sieht ihn nicht«, sagte die Schwester und offenbar führte sie die Mutter an der Hand. Gregor hörte nun, wie die zwei schwachen Frauen den immerhin schweren alten Kasten von seinem Platze rückten und wie die Schwester immerfort den größten Teil der Arbeit für sich beanspruchte, ohne auf die Warnungen der Mutter zu hören, welche fürchtete, dass sie sich überanstrengen werde. Es dauerte sehr lange. Wohl nach schon viertelstündiger Arbeit sagte die Mutter, man solle den Kasten doch lieber hier lassen, denn erstens sei er zu schwer, sie würden vor Ankunft des Vaters nicht fertig werden und mit dem Kasten in der Mitte des Zimmers Gregor jeden Weg verrammeln, zweitens aber sei es doch gar nicht sicher, dass Gregor mit der Entfernung der Möbel ein Gefallen geschehe. Ihr scheine das Gegenteil der Fall zu sein; ihr bedrücke der Anblick der leeren Wand geradezu das Herz; und warum solle nicht auch Gregor diese Empfindung haben, da er doch an die Zimmermöbel längst gewöhnt sei und sich deshalb im leeren Zimmer verlassen fühlen werde. »Und ist es dann nicht so«, schloss die Mutter ganz leise, wie sie überhaupt fast flüsterte, als wolle sie vermeiden, dass Gregor, dessen genauen Aufenthalt sie ja nicht kannte, auch nur den Klang der Stimme höre, denn dass er die Worte nicht verstand, davon war sie überzeugt, »und ist es nicht so, als ob wir durch die Entfernung der Möbel zeigten, dass wir jede Hoffnung auf Besserung aufgeben und ihn rücksichtslos sich selbst überlassen? Ich glaube, es wäre das Beste, wir suchen das Zimmer genau in dem Zustand zu erhalten, in dem es früher war, damit Gregor, wenn er wieder zu uns zurückkommt, alles unverändert findet und umso leichter die Zwischenzeit vergessen kann.«

Beim Anhören dieser Worte der Mutter erkannte Gregor, dass der Mangel jeder unmittelbaren menschlichen Ansprache, verbunden mit dem einförmigen Leben inmitten der Familie, im Laufe dieser zwei Monate seinen Verstand hatte verwirren müssen, denn anders konnte er es sich nicht erklären, dass er ernsthaft danach hatte verlangen können, dass sein Zimmer ausgeleert würde. Hatte er wirklich Lust, das warme, mit ererbten Möbeln gemütlich ausgestattete Zimmer in eine Höhle verwandeln zu lassen, in der er dann freilich nach allen Richtungen ungestört würde kriechen können, jedoch auch unter gleichzeitigem, schnellen, gänzlichen Vergessen seiner menschlichen Vergangenheit? War er doch jetzt schon nahe daran, zu vergessen, und nur die seit langem nicht gehörte Stimme der Mutter hatte ihn aufgerüttelt. Nichts sollte entfernt werden, alles musste bleiben, die guten Einwirkungen der Möbel auf seinen Zustand konnte er nicht entbehren; und wenn die Möbel ihn hinderten, das sinnlose Herumkriechen zu betreiben, so war es kein Schaden, sondern ein großer Vorteil.

Aber die Schwester war leider anderer Meinung; sie hatte sich, allerdings nicht ganz unberechtigt, angewöhnt, bei Besprechung der Angelegenheiten Gregors als besonders Sachverständige gegenüber den Eltern aufzutreten, und so war auch jetzt der Rat der Mutter für die Schwester Grund genug, auf der Entfernung nicht nur des Kastens und des Schreibtisches, an die sie zuerst allein gedacht hatte, sondern auf der Entfernung sämtlicher Möbel, mit Ausnahme des unentbehrlichen Kanapees, zu bestehen. Es war natürlich nicht nur kindlicher Trotz und das in der letzten Zeit so unerwartet und schwer erworbene Selbstvertrauen, das sie zu dieser Forderung bestimmte; sie hatte doch auch tatsächlich beobachtet, dass Gregor viel Raum zum Kriechen brauchte, dagegen die Möbel, soweit man sehen konnte, nicht im Geringsten benützte. Vielleicht aber spielte auch der schwärmerische Sinn der Mädchen ihres Alters mit, der bei jeder Gelegenheit seine Befriedigung sucht und durch den Grete jetzt sich dazu verlocken ließ, die Lage Gregors noch schreckenerregender machen zu wollen, um dann noch mehr als bis jetzt für ihn leisten zu können. Denn in einen Raum, in dem Gregor ganz allein die leeren Wände beherrschte, würde wohl kein Mensch außer Grete jemals einzutreten sich getrauen.

Und so ließ sie sich von ihrem Entschlusse durch die Mutter nicht abbringen, die auch in diesem Zimmer vor lauter Unruhe unsicher schien, bald verstummte und der Schwester nach Kräften beim Hinausschieben des Kastens half. Nun, den Kasten konnte Gregor im Notfall noch entbehren, aber schon der Schreibtisch musste bleiben. Und kaum hatten die Frauen mit dem Kasten, an den sie sich ächzend drückten, das Zimmer verlassen, als Gregor den Kopf unter dem Kanapee hervorstieß, um zu sehen, wie er vorsichtig und möglichst rücksichtsvoll eingreifen könnte. Aber zum Unglück war es gerade die Mutter, welche zuerst zurückkehrte, während Grete im Nebenzimmer den Kasten umfangen hielt und ihn allein hin und her schwang, ohne ihn natürlich von der Stelle zu bringen. Die Mutter aber war Gregors Anblick nicht gewöhnt, er hätte sie krank machen können, und so eilte Gregor erschrocken im Rückwärtslauf bis an das andere Ende des Kanapees, konnte es aber nicht mehr verhindern, dass das Leintuch vorne ein wenig sich bewegte. Das genügte, um die Mutter aufmerksam zu machen. Sie stockte, stand einen Augenblick still und ging dann zu Grete zurück.

Trotzdem sich Gregor immer wieder sagte, dass ja nichts Außergewöhnliches geschehe, sondern nur ein paar Möbel umgestellt würden, wirkte doch, wie er sich bald eingestehen musste, dieses Hin- und Hergehen der Frauen, ihre kleinen Zurufe, das Kratzen der Möbel auf dem Boden wie ein großer, von allen Seiten genährter Trubel auf ihn, und er musste sich, so fest er Kopf und Beine an sich zog und den Leib bis an den Boden drückte, unweigerlich sagen, dass er das Ganze nicht lange aushalten werde. Sie räumten ihm sein Zimmer aus; nahmen ihm alles, was ihm lieb war; den Kasten, in dem die Laubsäge und andere Werkzeuge lagen, hatten sie schon hinausgetragen; lockerten jetzt den schon im Boden fest eingegrabenen Schreibtisch, an dem er als Handelsakademiker, als Bürgerschüler, ja sogar schon als Volksschüler seine Aufgaben geschrieben hatte, – da hatte er wirklich keine Zeit mehr, die guten Absichten zu prüfen, welche die zwei Frauen hatten, deren Existenz er übrigens fast vergessen hatte, denn vor Erschöpfung arbeiteten sie schon stumm, und man hörte nur das schwere Tappen ihrer Füße.

Handelsakademiker: Schüler einer berufsbildenden höheren kaufmännischen Schule

Bürgerschüler: Schüler einer städtischen kaufmännischen Schule

Und so brach er denn hervor – die Frauen stützten sich gerade im Nebenzimmer an den Schreibtisch, um ein wenig zu verschnaufen –, wechselte viermal die Richtung des Laufes, er wusste wirklich nicht, was er zuerst retten sollte, da sah er an der im Übrigen schon leeren Wand auffallend das Bild der in lauter Pelzwerk gekleideten Dame hängen, kroch eilends hinauf und presste sich an das Glas, das ihn festhielt und seinem heißen Bauch wohltat. Dieses Bild wenigstens, das Gregor jetzt ganz verdeckte, würde nun gewiss niemand wegnehmen. Er verdrehte den Kopf nach der Tür des Wohnzimmers, um die Frauen bei ihrer Rückkehr zu beobachten.

Sie hatten sich nicht viel Ruhe gegönnt und kamen schon wieder; Grete hatte den Arm um die Mutter gelegt und trug sie fast. »Also, was nehmen wir jetzt?«, sagte Grete und sah sich um. Da kreuzten sich ihre Blicke mit denen Gregors an der Wand. Wohl nur infolge der Gegenwart der Mutter behielt sie ihre Fassung, beugte ihr Gesicht zur Mutter, um diese vom Herumschauen abzuhalten, und sagte, allerdings zitternd und unüberlegt: »Komm, wollen wir nicht lieber auf einen Augenblick noch ins Wohnzimmer zurückgehen?« Die Absicht Gretes war für Gregor klar, sie wollte die Mutter in Sicherheit bringen und dann ihn von der Wand hinunterjagen. Nun, sie konnte es ja immerhin versuchen! Er saß auf seinem Bild und gab es nicht her. Lieber würde er Grete ins Gesicht springen.

Aber Gretes Worte hatten die Mutter erst recht beunruhigt, sie trat zur Seite, erblickte den riesigen braunen Fleck auf der geblümten Tapete, rief, ehe ihr eigentlich zum Bewusstsein kam, dass das Gregor war, was sie sah, mit schreiender, rauer Stimme: »Ach Gott, ach Gott!« und fiel mit ausgebreiteten Armen, als gebe sie alles auf, über das Kanapee hin und rührte sich nicht. »Du, Gregor!«, rief die Schwester mit erhobener Faust und eindringlichen Blicken. Es waren seit der Verwandlung die ersten Worte, die sie unmittelbar an ihn gerichtet hatte. Sie lief ins Nebenzimmer, um irgendeine Essenz zu holen, mit der sie die Mutter aus ihrer Ohnmacht wecken könnte; Gregor wollte auch helfen – zur Rettung des Bildes war noch Zeit –; er klebte aber fest an dem Glas und musste sich mit Gewalt losreißen; er lief dann auch ins Nebenzimmer, als könne er der Schwester irgendeinen Rat geben, wie in früherer Zeit; musste aber dann untätig hinter ihr stehen; während sie in verschiedenen Fläschchen kramte, erschreckte sie noch, als sie sich umdrehte; eine Flasche fiel auf den Boden und zerbrach; ein Splitter verletzte Gregor im Gesicht, irgendeine ätzende Medizin umfloss ihn; Grete nahm nun, ohne sich länger aufzuhalten, so viele Fläschchen, als sie nur halten konnte, und rannte mit ihnen zur Mutter hinein; die Tür schlug sie mit dem Fuße zu. Gregor war nun von der Mutter abgeschlossen, die durch seine Schuld vielleicht dem Tode nahe war; die Tür durfte er nicht öffnen, wollte er die Schwester, die bei der Mutter bleiben musste, nicht verjagen; er hatte jetzt nichts zu tun als zu warten; und von Selbstvorwürfen und Besorgnis bedrängt, begann er zu kriechen, überkroch alles, Wände, Möbel und Zimmerdecke und fiel endlich in seiner Verzweiflung, als sich das ganze Zimmer schon um ihn zu drehen anfing, mitten auf den großen Tisch.

Es verging eine kleine Weile, Gregor lag matt da, ringsherum war es still, vielleicht war das ein gutes Zeichen. Da läutete es. Das Mädchen war natürlich in ihrer Küche eingesperrt und Grete musste daher öffnen gehen. Der Vater war gekommen. »Was ist geschehen?«, waren seine ersten Worte; Gretes Aussehen hatte ihm wohl alles verraten. Grete antwortete mit dumpfer Stimme, offenbar drückte sie ihr Gesicht an des Vaters Brust: »Die Mutter war ohnmächtig, aber es geht ihr schon besser. Gregor ist ausgebrochen.« – »Ich habe es ja erwartet«, sagte der Vater, »ich habe es euch ja immer gesagt, aber ihr Frauen wollt nicht hören.« Gregor war es klar, dass der Vater Gretes allzu kurze Mitteilung schlecht gedeutet hatte und annahm, dass Gregor sich irgendeine Gewalttat habe zu Schulden kommen lassen. Deshalb musste Gregor den Vater jetzt zu besänftigen suchen, denn ihn aufzuklären hatte er weder Zeit noch Möglichkeit. Und so flüchtete er sich zur Tür seines Zimmers und drückte sich an sie, damit der Vater beim Eintritt vom Vorzimmer her gleich sehen könne, dass Gregor die beste Absicht habe, sofort in sein Zimmer zurückzukehren, und dass es nicht nötig sei, ihn zurückzutreiben, sondern dass man nur die Tür zu öffnen brauchte, und gleich werde er verschwinden.

Aber der Vater war nicht in der Stimmung, solche Feinheiten zu bemerken. »Ah!«, rief er gleich beim Eintritt in einem Tone, als sei er gleichzeitig wütend und froh. Gregor zog den Kopf von der Tür zurück und hob ihn gegen den Vater. So hatte er sich den Vater wirklich nicht vorgestellt, wie er jetzt dastand; allerdings hatte er in der letzten Zeit über dem neuartigen Herumkriechen versäumt, sich so wie früher um die Vorgänge in der übrigen Wohnung zu kümmern, und hätte eigentlich darauf gefasst sein müssen, veränderte Verhältnisse anzutreffen. Trotzdem, trotzdem, war das noch der Vater? Der gleiche Mann, der müde im Bett vergraben lag, wenn früher Gregor zu einer Geschäftsreise ausgerückt war; der ihn an den Abenden der Heimkehr im Schlafrock im Lehnstuhl empfangen hatte; gar nicht recht im Stande war aufzustehen, sondern zum Zeichen der Freude nur die Arme gehoben hatte, und der bei den seltenen gemeinsamen Spaziergängen an ein paar Sonntagen im Jahr und an den höchsten Feiertagen zwischen Gregor und der Mutter, die schon an und für sich langsam gingen, immer noch ein wenig langsamer, in seinen alten Mantel eingepackt, mit stets vorsichtig aufgesetztem Krückstock sich vorwärts arbeitete und, wenn er etwas sagen wollte, fast immer stillstand und seine Begleitung um sich versammelte? Nun aber war er doch gut aufgerichtet; in eine straffe blaue Uniform mit Goldknöpfen gekleidet, wie sie Diener der Bankinstitute tragen; über dem hohen steifen Kragen des Rockes entwickelte sich sein starkes Doppelkinn; unter den buschigen Augenbrauen drang der Blick der schwarzen Augen frisch und aufmerksam hervor; das sonst zerzauste Haar war zu einer peinlich genauen, leuchtenden Scheitelfrisur niedergekämmt. Er warf seine Mütze, auf der ein Goldmonogramm, wahrscheinlich das einer Bank, angebracht war, über das ganze Zimmer im Bogen auf das Kanapee hin und ging, die Enden seines langen Uniformrockes zurückgeschlagen, die Hände in den Hosentaschen, mit verbissenem Gesicht auf Gregor zu. Er wusste wohl selbst nicht, was er vorhatte; immerhin hob er die Füße ungewöhnlich hoch und Gregor staunte über die Riesengröße seiner Stiefelsohlen. Doch hielt er sich dabei nicht auf, er wusste ja noch vom ersten Tage seines neuen Lebens her, dass der Vater ihm gegenüber nur die größte Strenge für angebracht ansah. Und so lief er vor dem Vater her, stockte, wenn der Vater stehen blieb, und eilte schon wieder vorwärts, wenn sich der Vater nur rührte. So machten sie mehrmals die Runde um das Zimmer, ohne dass sich etwas Entscheidendes ereignete, ja ohne dass das Ganze infolge seines langsamen Tempos den Anschein einer Verfolgung gehabt hätte. Deshalb blieb auch Gregor vorläufig auf dem Fußboden, zumal er fürchtete, der Vater könnte eine Flucht auf die Wände oder den Plafond für besondere Bosheit halten. Allerdings musste sich Gregor sagen, dass er sogar dieses Laufen nicht lange

Monogramm: Namenszeichen, *hier* Logo

Uniformrock: Uniformjacke

aushalten würde, denn während der Vater einen Schritt machte, musste er eine Unzahl von Bewegungen ausführen. Atemnot begann sich schon bemerkbar zu machen, wie er ja auch in seiner früheren Zeit keine ganz vertrauenswürdige Lunge besessen hatte. Als er nun so dahintorkelte, um alle Kräfte für den Lauf zu sammeln, kaum die Augen offen hielt; in seiner Stumpfheit an eine andere Rettung als durch das Laufen gar nicht dachte; und fast schon vergessen hatte, dass ihm die Wände freistanden, die hier allerdings mit sorgfältig geschnitzten Möbeln voll Zacken und Spitzen verstellt waren – da flog knapp neben ihm, leicht geschleudert, irgendetwas nieder und rollte vor ihm her. Es war ein Apfel; gleich flog ihm ein zweiter nach; Gregor blieb vor Schrecken stehen; ein Weiterlaufen war nutzlos, denn der Vater hatte sich entschlossen, ihn zu bombardieren. Aus der Obstschale auf der Kredenz hatte er sich die Taschen gefüllt und warf nun, ohne vorläufig scharf zu zielen, Apfel für Apfel. Diese kleinen roten Äpfel rollten wie elektrisiert auf dem Boden herum und stießen aneinander. Ein schwach geworfener Apfel streifte Gregors Rücken, glitt aber unschädlich ab. Ein ihm sofort nachfliegender drang dagegen förmlich in Gregors Rücken ein; Gregor wollte sich weiterschleppen, als könne der überraschende unglaubliche Schmerz mit dem Ortswechsel vergehen; doch fühlte er sich wie festgenagelt und streckte sich in vollständiger Verwirrung aller Sinne. Nur mit dem letzten Blick sah er noch, wie die Tür seines Zimmers aufgerissen wurde und vor der schreienden Schwester die Mutter hervoreilte, im Hemd, denn die Schwester hatte sie entkleidet, um ihr in der Ohnmacht Atemfreiheit zu verschaffen, wie dann die Mutter auf den Vater zulief und ihr auf dem Weg die aufgebundenen Röcke einer nach dem anderen zu Boden glitten und wie sie stolpernd über die Röcke auf den Vater eindrang und ihn umarmend, in gänzlicher Vereinigung mit ihm – nun versagte aber Gregors

Kredenz: Anrichte

Sehkraft schon –, die Hände an des Vaters Hinterkopf, um Schonung von Gregors Leben bat.

III.

Die schwere Verwundung Gregors, an der er über einen Monat litt – der Apfel blieb, da ihn niemand zu entfernen wagte, als sichtbares Andenken im Fleische sitzen –, schien selbst den Vater daran erinnert zu haben, dass Gregor trotz seiner gegenwärtigen traurigen und ekelhaften Gestalt ein Familienmitglied war, das man nicht wie einen Feind behandeln durfte, sondern dem gegenüber es das Gebot der Familienpflicht war, den Widerwillen hinunterzuschlucken und zu dulden, nichts als zu dulden.

Invalide: kranker, arbeitsunfähiger Mensch

Und wenn nun auch Gregor durch seine Wunde an Beweglichkeit wahrscheinlich für immer verloren hatte und vorläufig zur Durchquerung seines Zimmers wie ein alter Invalide lange, lange Minuten brauchte – an das Kriechen in der Höhe war nicht zu denken –, so bekam er für diese Verschlimmerung seines Zustandes einen seiner Meinung nach vollständig genügenden Ersatz dadurch, dass immer gegen Abend die Wohnzimmertür, die er schon ein bis zwei Stunden vorher scharf zu beobachten pflegte, geöffnet wurde, sodass er im Dunkel seines Zimmers liegend vom Wohnzimmer aus unsichtbar die ganze Familie beim beleuchteten Tische sehen und ihre Reden, gewissermaßen mit allgemeiner Erlaubnis, also ganz anders als früher, anhören durfte.

Freilich waren es nicht mehr die lebhaften Unterhaltungen der früheren Zeiten, an die Gregor in den kleinen Hotelzimmern stets mit einigem Verlangen gedacht hatte, wenn er sich müde in das feuchte Bettzeug hatte werfen müssen. Es ging jetzt meist nur sehr still zu. Der Vater schlief bald nach dem Nachtessen in seinem Sessel ein; die Mutter und Schwester ermahnten einander zur Stille; die Mutter nähte weit über das Licht vorgebeugt feine Wäsche für ein Modengeschäft; die Schwester, die eine Stellung als Verkäuferin angenommen hatte, lernte am Abend Stenografie und Französisch, um vielleicht später einmal einen besseren Posten zu erreichen. Manchmal wachte der Vater auf, und als wisse er gar nicht, dass er geschlafen habe, sagte er zur Mutter: »Wie lange du heute schon wieder nähst!« und schlief sofort wieder ein, während Mutter und Schwester einander müde zulächelten.

Stenografie: Kurzschrift, erforderlich für eine Anstellung als Sekretärin

Mit einer Art Eigensinn weigerte sich der Vater auch zu Hause, seine Dieneruniform abzulegen; und während der Schlafrock nutzlos am Kleiderhaken hing, schlummerte der Vater vollständig angezogen auf seinem Platz, als sei er immer zu seinem Dienste bereit und warte auch hier auf die Stimme des Vorgesetzten. Infolgedessen verlor die gleich anfangs nicht neue Uniform trotz aller Sorgfalt von Mutter und Schwester an Reinlichkeit, und Gregor sah oft ganze Abende lang auf dieses über und über fleckige, mit seinen stets geputzten Goldknöpfen leuchtende Kleid, in dem der alte Mann höchst unbequem und doch ruhig schlief.

Sobald die Uhr zehn schlug, suchte die Mutter durch leise Zusprache den Vater zu wecken und dann zu überreden, ins Bett zu gehen, denn hier war es doch kein richtiger Schlaf, und diesen hatte der Vater, der um sechs Uhr seinen Dienst antreten musste, äußerst nötig. Aber in dem Eigensinn, der ihn, seitdem er Diener war, ergriffen hatte, bestand er immer darauf, noch länger bei Tisch zu bleiben, trotzdem er regelmäßig einschlief, und war dann überdies nur mit der größten Mühe zu bewegen, den Sessel mit dem Bett zu vertauschen. Da mochten Mutter und Schwester mit kleinen Ermahnungen noch so sehr auf ihn eindringen, viertelstundenlang schüttelte er langsam den Kopf, hielt die Augen geschlossen und stand nicht auf. Die Mutter zupfte ihn am Ärmel, sagte ihm Schmeichelworte ins Ohr, die Schwester verließ ihre Aufgabe, um der Mutter zu helfen, aber beim Vater verfing das nicht. Er versank nur noch tiefer in seinen Sessel. Erst bis ihn die Frauen unter den Achseln fassten, schlug er die Augen auf, sah abwechselnd die Mutter und die Schwester an und pflegte zu sagen: »Das ist ein Leben. Das ist die Ruhe meiner alten Tage.« Und auf die beiden Frauen gestützt erhob er sich, umständlich, als sei er für sich selbst die größte Last, ließ sich von den Frauen bis zur Türe führen, winkte ihnen dort ab und ging nun selbständig weiter, während die Mutter ihr Nähzeug, die Schwester ihre Feder eiligst hinwarfen, um hinter dem Vater zu laufen und ihm weiter behilflich zu sein.

Wer hatte in dieser abgearbeiteten und übermüdeten Familie Zeit, sich um Gregor mehr zu kümmern, als unbedingt nötig war? Der Haushalt wurde immer mehr eingeschränkt; das Dienstmädchen wurde nun doch entlassen; eine riesige knochige Bedienerin mit weißem, den Kopf umflatterndem Haar kam des Morgens und des Abends, um die schwerste Arbeit zu leisten; alles andere besorgte die Mutter neben ihrer vielen Näharbeit. Es geschah sogar, dass verschiedene Familienschmuckstücke, welche früher die Mutter und die Schwester überglücklich bei Unterhaltungen und Feierlichkeiten getragen hatten, verkauft wurden, wie Gregor am Abend aus der allgemeinen Besprechung der erzielten Preise erfuhr. Die größte Klage war aber stets, dass man diese für die gegenwärtigen Verhältnisse allzu große Wohnung nicht verlassen konnte, da es nicht auszudenken war, wie man Gregor übersiedeln sollte. Aber Gregor sah wohl ein, dass es nicht nur die Rücksicht auf ihn war, welche eine Übersiedlung verhinderte, denn ihn hätte man doch in einer passenden Kiste mit ein paar Luftlöchern leicht transportieren können; was die Familie hauptsächlich vom Wohnungswechsel abhielt, war vielmehr die völlige Hoffnungslosigkeit und der Gedanke

Bedienerin: Haushaltshilfe

Unterhaltung: *hier* Besuch eines Theaters oder einer Tanzveranstaltung daran, dass sie mit einem Unglück geschlagen war wie niemand sonst im ganzen Verwandten- und Bekanntenkreis. Was die Welt von armen Leuten verlangt, erfüllten sie bis zum Äußersten, der Vater holte den kleinen Bankbeamten das Frühstück, die Mutter opferte sich für die Wäsche fremder Leute, die Schwester lief nach dem Befehl der Kunden hinter dem Pulte hin und her, aber weiter reichten die Kräfte der Familie schon nicht. Und die Wunde im Rücken fing Gregor wie neu zu schmerzen an, wenn Mutter und Schwester, nachdem sie den Vater zu Bett gebracht hatten, nun zurückkehrten, die Arbeit liegen ließen, nahe zusammenrückten, schon Wange an Wange saßen; wenn jetzt die Mutter auf Gregors Zimmer zeigend sagte: »Mach dort die Tür zu, Grete«, und wenn nun Gregor wieder im Dunkel war, während nebenan die Frauen ihre Tränen vermischten oder gar tränenlos den Tisch anstarrten.

Die Nächte und Tage verbrachte Gregor fast ganz ohne Schlaf. Manchmal dachte er daran, beim nächsten Öffnen der Tür die Angelegenheiten der Familie ganz so wie früher wieder in die Hand zu nehmen; in seinen Gedanken erschienen wieder nach langer Zeit der Chef und der Prokurist, die Kommis und die Lehrjungen, der so begriffsstützige Hausknecht, zwei, drei Freunde aus anderen Geschäften, ein Stubenmädchen aus einem Hotel in der Provinz, eine liebe, flüchtige Erinnerung, eine Kassiererin aus einem Hutgeschäft, um die er sich ernsthaft, aber zu langsam beworben hatte – sie alle erschienen untermischt mit Fremden oder schon Vergessenen, aber statt ihm und seiner Familie zu helfen, waren sie sämtlich unzugänglich und er war froh, wenn sie verschwanden. Dann aber war er wieder gar nicht in der Laune, sich um seine Familie zu sorgen, bloß Wut über die schlechte Wartung erfüllte ihn, und trotzdem er sich nichts vorstellen konnte, worauf er Appetit gehabt hätte, machte er doch Pläne, wie er in die Speisekammer gelangen könnte, um dort zu nehmen, was

Wartung: Versorgung

ihm, auch wenn er keinen Hunger hatte, immerhin gebührte. Ohne jetzt mehr nachzudenken, womit man Gregor einen besonderen Gefallen machen könnte, schob die Schwester eiligst, ehe sie morgens und mittags ins Geschäft lief, mit dem Fuß irgendeine beliebige Speise in Gregors Zimmer hinein, um sie am Abend, gleichgültig dagegen, ob die Speise vielleicht nur gekostet oder – der häufigste Fall – gänzlich unberührt war, mit einem Schwenken des Besens hinauszukehren. Das Aufräumen des Zimmers, das sie nun immer abends besorgte, konnte gar nicht mehr schneller getan sein. Schmutzstreifen zogen sich die Wände entlang, hie und da lagen Knäuel von Staub und Unrat. In der ersten Zeit stellte sich Gregor bei der Ankunft der Schwester in derartige bezeichnende Winkel, um ihr durch diese Stellung gewissermaßen einen Vorwurf zu machen. Aber er hätte wohl wochenlang dort bleiben können, ohne dass sich die Schwester gebessert hätte; sie sah ja den Schmutz genauso wie er, aber sie hatte sich eben entschlossen, ihn zu lassen. Dabei wachte sie mit einer an ihr ganz neuen Empfindlichkeit, die überhaupt die ganze Familie ergriffen hatte, darüber, dass das Aufräumen von Gregors Zimmer ihr vorbehalten blieb. Einmal hatte die Mutter Gregors Zimmer einer großen Reinigung unterzogen, die ihr nur nach Verbrauch einiger Kübel Wasser gelungen war – die viele Feuchtigkeit kränkte allerdings Gregor auch und er lag breit, verbittert und unbeweglich auf dem Kanapee –, aber die Strafe blieb für die Mutter nicht aus. Denn kaum hatte die Schwester die Veränderung in Gregors Zimmer bemerkt, als sie aufs Höchste beleidigt ins Wohnzimmer lief und, trotz der beschwörend erhobenen Hände der Mutter, in einen Weinkrampf ausbrach, dem die Eltern – der Vater war natürlich aus seinem Sessel aufgeschreckt worden – zuerst erstaunt und hilflos zusahen; bis auch sie sich zu rühren anfingen; der Vater rechts der Mutter Vorwürfe machte, dass sie Gregors Zimmer nicht der Schwester zur Reinigung überließ; links dagegen die

Schwester anschrie, sie werde niemals mehr Gregors Zimmer reinigen dürfen; während die Mutter den Vater, der sich vor Erregung nicht mehr kannte, ins Schlafzimmer zu schleppen suchte; die Schwester von Schluchzen geschüttelt mit ihren kleinen Fäusten den Tisch bearbeitete; und Gregor laut vor Wut darüber zischte, dass es keinem einfiel, die Tür zu schließen und ihm diesen Anblick und Lärm zu ersparen.

Aber selbst wenn die Schwester, erschöpft von ihrer Berufsarbeit, dessen überdrüssig geworden war, für Gregor, wie früher, zu sorgen, so hätte doch keineswegs die Mutter für sie eintreten müssen und Gregor hätte doch nicht vernachlässigt zu werden brauchen. Denn nun war die Bedienerin da. Diese alte Witwe, die in ihrem langen Leben mit Hilfe ihres starken Knochenbaus das Ärgste überstanden haben mochte, hatte keinen eigentlichen Abscheu vor Gregor. Ohne irgendwie neugierig zu sein, hatte sie zufällig einmal die Tür von Gregors Zimmer aufgemacht und war im Anblick Gregors, der, gänzlich überrascht, trotzdem ihn niemand jagte, hin und her zu laufen begann, die Hände im Schoß gefaltet staunend stehen geblieben. Seitdem versäumte sie nicht, stets flüchtig morgens und abends die Tür ein wenig zu öffnen und zu Gregor hineinzuschauen. Anfangs rief sie ihn auch zu sich herbei, mit Worten, die sie wahrscheinlich für freundlich hielt, wie »Komm mal herüber, alter Mistkäfer!« oder »Seht mal den alten Mistkäfer!« Auf solche Ansprachen antwortete Gregor mit nichts, sondern blieb unbeweglich auf seinem Platz, als sei die Tür gar nicht geöffnet worden. Hätte man doch dieser Bedienerin, statt sie nach ihrer Laune ihn nutzlos stören zu lassen, lieber den Befehl gegeben, sein Zimmer täglich zu reinigen! Einmal am frühen Morgen – ein heftiger Regen, vielleicht schon ein Zeichen des kommenden Frühjahrs, schlug an die Scheiben – war Gregor, als die Bedienerin mit ihren Redensarten wieder begann, derartig erbittert, dass er, wie zum Angriff, allerdings langsam und hinfällig, sich gegen sie wendete. Die Bedienerin aber, statt sich zu fürchten, hob bloß einen in der Nähe der Tür befindlichen Stuhl hoch empor und wie sie mit groß geöffnetem Munde dastand, war ihre Absicht klar, den Mund erst zu schließen, wenn der Sessel in ihrer Hand auf Gregors Rücken niederschlagen würde. »Also weiter geht es nicht?«, fragte sie, als Gregor sich wieder umdrehte, und stellte den Sessel ruhig in die Ecke zurück.

Gregor aß nun fast gar nichts mehr. Nur wenn er zufällig an der vorbereiteten Speise vorüberkam, nahm er zum Spiel einen Bissen in den Mund, hielt ihn dort stundenlang und spie ihn dann meist wieder aus. Zuerst dachte er, es sei die Trauer über den Zustand seines Zimmers, die ihn vom Essen abhalte, aber gerade mit den Veränderungen des Zimmers söhnte er sich sehr bald aus. Man hatte sich angewöhnt, Dinge, die man anderswo nicht unterbringen konnte, in dieses Zimmer hineinzustellen, und solcher Dinge gab es nun viele, da man ein Zimmer der Wohnung an drei Zimmerherren vermietet hatte. Diese ernsten Herren – alle drei hatten Vollbärte, wie Gregor einmal durch eine Türspalte feststellte – waren peinlich auf Ordnung, nicht nur in ihrem Zimmer, sondern, da sie sich nun einmal hier eingemietet hatten, in der ganzen Wirtschaft, also insbesondere in der Küche, bedacht. Unnützen oder gar schmutzigen Kram ertrugen sie nicht. Überdies hatten sie zum größten Teil ihre eigenen Einrichtungsstücke mitgebracht. Aus diesem Grunde waren viele Dinge überflüssig geworden, die zwar nicht verkäuflich waren, die man aber auch nicht wegwerfen wollte. Alle diese wanderten in Gregors Zimmer. Ebenso auch die Aschenkiste und die Abfallkiste aus der Küche. Was nur im Augenblick unbrauchbar war, schleuderte die Bedienerin, die es immer sehr eilig hatte, einfach in Gregors Zimmer; Gregor sah glücklicherweise meist nur den betreffenden Gegenstand und die Hand, die ihn hielt. Die Bedienerin hatte vielleicht die Absicht, bei Zeit und Gelegenheit die Dinge wieder zu holen

Zimmerherr: meist unverheirateter Mann, der ein Zimmer in der Wohnung einer Familie mietete, statt eine eigene Wohnung zu unterhalten oder alle insgesamt mit einem Mal hinauszuwerfen, tatsächlich aber blieben sie dort liegen, wohin sie durch den ersten Wurf gekommen waren, wenn nicht Gregor sich durch das Rumpelzeug wand und es in Bewegung brachte, zuerst gezwungen, weil kein sonstiger Platz zum Kriechen frei war, später aber mit wachsendem Vergnügen, obwohl er nach solchen Wanderungen, zum Sterben müde und traurig, wieder stundenlang sich nicht rührte.

Da die Zimmerherren manchmal auch ihr Abendessen zu Hause im gemeinsamen Wohnzimmer einnahmen, blieb die Wohnzimmertür an manchen Abenden geschlossen, aber Gregor verzichtete ganz leicht auf das Öffnen der Tür, hatte er doch schon manche Abende, an denen sie geöffnet war, nicht ausgenützt, sondern war, ohne dass es die Familie merkte, im dunkelsten Winkel seines Zimmers gelegen. Einmal aber hatte die Bedienerin die Tür zum Wohnzimmer ein wenig offen gelassen, und sie blieb so offen, auch als die Zimmerherren am Abend eintraten und Licht gemacht wurde. Sie setzten sich oben an den Tisch, wo in früheren Zeiten der Vater, die Mutter und Gregor gesessen hatten, entfalteten die Servietten und nahmen Messer und Gabel in die Hand. Sofort erschien in der Tür die Mutter mit einer Schüssel Fleisch und knapp hinter ihr die Schwester mit einer Schüssel hoch geschichteter Kartoffeln. Das Essen dampfte mit starkem Rauch. Die Zimmerherren beugten sich über die vor sie hingestellten Schüsseln, als wollten sie sie vor dem Essen prüfen, und tatsächlich zerschnitt der, welcher in der Mitte saß und den anderen zwei als Autorität zu gelten schien, ein Stück Fleisch noch auf der Schüssel, offenbar um festzustellen, ob es mürbe genug sei und ob es nicht etwa in die Küche zurückgeschickt werden solle. Er war befriedigt, und Mutter und Schwester, die gespannt zugesehen hatten, begannen aufatmend zu lächeln.

Die Familie selbst aß in der Küche. Trotzdem kam der Vater, ehe er in die Küche ging, in dieses Zimmer herein und machte mit einer einzigen Verbeugung, die Kappe in der Hand, einen Rundgang um den Tisch. Die Zimmerherren erhoben sich sämtlich und murmelten etwas in ihre Bärte. Als sie dann allein waren, aßen sie fast unter vollkommenem Stillschweigen. Sonderbar schien es Gregor, dass man aus allen mannigfachen Geräuschen des Essens immer wieder ihre kauenden Zähne heraushörte, als ob damit Gregor gezeigt werden sollte, dass man Zähne brauche, um zu essen, und dass man auch mit den schönsten zahnlosen Kiefern nichts ausrichten könne. »Ich habe ja Appetit«, sagte sich Gregor sorgenvoll, »aber nicht auf diese Dinge. Wie sich diese Zimmerherren nähren, und ich komme um!«

Gerade an diesem Abend – Gregor erinnerte sich nicht, während der ganzen Zeit die Violine gehört zu haben – ertönte sie von der Küche her. Die Zimmerherren hatten schon ihr Nachtmahl beendet, der mittlere hatte eine Zeitung hervorgezogen, den zwei anderen je ein Blatt gegeben und nun lasen sie zurückgelehnt und rauchten. Als die Violine zu spielen begann, wurden sie aufmerksam, erhoben sich und gingen auf den Fußspitzen zur Vorzimmertür, in der sie aneinandergedrängt stehen blieben. Man musste sie von der Küche aus gehört haben, denn der Vater rief: »Ist den Herren das Spiel vielleicht unangenehm? Es kann sofort eingestellt werden.« – »Im Gegenteil«, sagte der mittlere der Herren, »möchte das Fräulein nicht zu uns hereinkommen und hier im Zimmer spielen, wo es doch viel bequemer und gemütlicher ist?« – »O bitte«, rief der Vater, als sei er der Violinspieler. Die Herren traten ins Zimmer zurück und warteten. Bald kam der Vater mit dem Notenpult, die Mutter mit den Noten und die Schwester mit der Violine. Die Schwester bereitete alles ruhig zum Spiele vor; die Eltern, die niemals früher Zimmer vermietet hatten und deshalb die Höflichkeit gegen die Zimmerherren übertrieben, wagten gar nicht, sich auf ihre eigenen Sessel zu setzen; der Vater lehnte an der Tür, die rechte

Hand zwischen zwei Knöpfe des geschlossenen Livreerockes gesteckt; die Mutter aber erhielt von einem Herrn einen Sessel angeboten und saß, da sie den Sessel dort ließ, wohin ihn der Herr zufällig gestellt hatte, abseits in einem Winkel.

Die Schwester begann zu spielen; Vater und Mutter verfolgten, jeder von seiner Seite, aufmerksam die Bewegungen ihrer Hände. Gregor hatte, von dem Spiele angezogen, sich ein wenig weiter vorgewagt und war schon mit dem Kopf im Wohnzimmer. Er wunderte sich kaum darüber, dass er in letzter Zeit so wenig Rücksicht auf die anderen nahm; früher war diese Rücksichtnahme sein Stolz gewesen. Und dabei hätte er gerade jetzt mehr Grund gehabt, sich zu verstecken, denn infolge des Staubes, der in seinem Zimmer überall lag und bei der kleinsten Bewegung umherflog, war auch er ganz staubbedeckt; Fäden und Haare, Speiseüberreste schleppte er auf seinem Rücken und an den Seiten mit sich herum; seine Gleichgültigkeit gegen alles war viel zu groß, als dass er sich, wie früher mehrmals während des Tages, auf den Rücken gelegt und am Teppich gescheuert hätte. Und trotz dieses Zustandes hatte er keine Scheu, ein Stück auf dem makellosen Fußboden des Wohnzimmers vorzurücken.

Allerdings achtete auch niemand auf ihn. Die Familie war gänzlich vom Violinspiel in Anspruch genommen; die Zimmerherren dagegen, die zunächst, die Hände in den Hosentaschen, viel zu nahe hinter dem Notenpult der Schwester sich aufgestellt hatten, sodass sie alle in die Noten hätten sehen können, was sicher die Schwester stören musste, zogen sich bald unter halblauten Gesprächen mit gesenkten Köpfen zum Fenster zurück, wo sie, vom Vater besorgt beobachtet, auch blieben. Es hatte nun wirklich den überdeutlichen Anschein, als wären sie in ihrer Annahme, ein schönes oder unterhaltendes Violinspiel zu hören, enttäuscht, hätten die ganze Vorführung satt und ließen sich nur aus Höflichkeit noch in ihrer Ruhe stören.

Livreerock: Jacke der Dieneruniform

Besonders die Art, wie sie alle aus Nase und Mund den Rauch ihrer Zigarren in die Höhe bliesen, ließ auf große Nervosität schließen. Und doch spielte die Schwester so schön. Ihr Gesicht war zur Seite geneigt, prüfend und traurig folgten ihre Blicke den Notenzeilen. Gregor kroch ein Stück vorwärts und hielt den Kopf eng an den Boden, um möglicherweise ihren Blicken begegnen zu können. War er ein Tier, da ihn Musik so ergriff? Ihm war, als zeige sich ihm der Weg zu der ersehnten unbekannten Nahrung. Er war entschlossen, bis zur Schwester vorzudringen, sie am Rock zu zupfen und ihr dadurch anzudeuten, sie möge doch mit ihrer Violine in sein Zimmer kommen, denn niemand lohnte ihr Spiel so, wie er es lohnen wollte. Er wollte sie nicht mehr aus seinem Zimmer lassen, wenigstens nicht, solange er lebte; seine Schreckgestalt sollte ihm zum ersten Mal nützlich werden; an allen Türen seines Zimmers wollte er gleichzeitig sein und den Angreifern entgegenfauchen; die Schwester aber sollte nicht gezwungen, sondern freiwillig bei ihm bleiben; sie sollte neben ihm auf dem Kanapee sitzen, das Ohr zu ihm herunterneigen und er wollte ihr dann anvertrauen, dass er die feste Absicht gehabt habe, sie auf das Konservatorium zu schicken, und dass er dies, wenn nicht das Unglück dazwischengekommen wäre, vergangene Weihnachten – Weihnachten war doch wohl schon vorüber? – allen gesagt hätte, ohne sich um irgendwelche Widerreden zu kümmern. Nach dieser Erklärung würde die Schwester in Tränen der Rührung ausbrechen und Gregor würde sich bis zu ihrer Achsel erheben und ihren Hals küssen, den sie, seitdem sie ins Geschäft ging, frei ohne Band oder Kragen trug.

»Herr Samsa!«, rief der mittlere Herr dem Vater zu und zeigte, ohne ein weiteres Wort zu verlieren, mit dem Zeigefinger auf den langsam sich vorwärts bewegenden Gregor. Die Violine verstummte, der mittlere Zimmerherr lächelte erst einmal kopfschüttelnd seinen Freunden zu und sah dann wieder auf Gregor hin. Der Vater schien es für nötiger zu halten, statt Gregor zu vertreiben, vorerst die Zimmerherren zu beruhigen, trotzdem diese gar nicht aufgeregt waren und Gregor sie mehr als das Violinspiel zu unterhalten schien. Er eilte zu ihnen und suchte sie mit ausgebreiteten Armen in ihr Zimmer zu drängen und gleichzeitig mit seinem Körper ihnen den Ausblick auf Gregor zu nehmen. Sie wurden nun tatsächlich ein wenig böse, man wusste nicht mehr, ob über das Benehmen des Vaters oder über die ihnen jetzt aufgehende Erkenntnis, ohne es zu wissen, einen solchen Zimmernachbar wie Gregor besessen zu haben. Sie verlangten vom Vater Erklärungen, hoben ihrerseits die Arme, zupften unruhig an ihren Bärten und wichen nur langsam gegen ihr Zimmer zurück. Inzwischen hatte die Schwester die Verlorenheit, in die sie nach dem plötzlich abgebrochenen Spiel verfallen war, überwunden, hatte sich, nachdem sie eine Zeit lang in den lässig hängenden Händen Violine und Bogen gehalten und weiter, als spiele sie noch, in die Noten gesehen hatte, mit einem Male aufgerafft, hatte das Instrument auf den Schoß der Mutter gelegt, die in Atembeschwerden mit heftig arbeitenden Lungen noch auf ihrem Sessel saß, und war in das Nebenzimmer gelaufen, dem sich die Zimmerherren unter dem Drängen des Vaters schon schneller näherten. Man sah, wie unter den geübten Händen der Schwester die Decken und Polster in den Betten in die Höhe flogen und sich ordneten. Noch ehe die Herren das Zimmer erreicht hatten, war sie mit dem Aufbetten fertig und schlüpfte heraus. Der Vater schien wieder von seinem Eigensinn derartig ergriffen, dass er jeden Respekt vergaß, den er seinen Mietern immerhin schuldete. Er drängte nur und drängte, bis schon in der Tür des Zimmers der mittlere der Herren donnernd mit dem Fuß aufstampfte und dadurch den Vater zum Stehen brachte. »Ich erkläre hiermit«, sagte er, hob die Hand und suchte mit den Blicken auch die Mutter und die Schwester, »dass ich mit Rücksicht auf die in dieser Wohnung und Familie herrschenden widerlichen Verhält-

Aufbetten: das Bett machen

nisse« – hierbei spie er kurz entschlossen auf den Boden – »mein Zimmer augenblicklich kündige. Ich werde natürlich auch für die Tage, die ich hier gewohnt habe, nicht das Geringste bezahlen, dagegen werde ich es mir noch überlegen, ob ich nicht mit irgendwelchen – glauben Sie mir – sehr leicht zu begründenden Forderungen gegen Sie auftreten werde.« Er schwieg und sah gerade vor sich hin, als erwarte er etwas. Tatsächlich fielen sofort seine zwei Freunde mit den Worten ein: »Auch wir kündigen augenblicklich.« Darauf fasste er die Türklinke und schloss mit einem Krach die Tür.

Der Vater wankte mit tastenden Händen zu seinem Sessel und ließ sich hineinfallen; es sah aus, als streckte er sich zu seinem gewöhnlichen Abendschläfchen, aber das starke Nicken seines wie haltlosen Kopfes zeigte, dass er ganz und gar nicht schlief. Gregor war die ganze Zeit still auf dem Platz gelegen, auf dem ihn die Zimmerherren ertappt hatten. Die Enttäuschung über das Misslingen seines Planes, vielleicht aber auch die durch das viele Hungern verursachte Schwäche machten es ihm unmöglich, sich zu bewegen. Er fürchtete mit einer gewissen Bestimmtheit schon für den nächsten Augenblick einen allgemeinen über ihn sich entladenden Zusammensturz und wartete. Nicht einmal die Violine schreckte ihn auf, die, unter den zitternden Fingern der Mutter hervor, ihr vom Schoße fiel und einen hallenden Ton von sich gab.

»Liebe Eltern«, sagte die Schwester und schlug zur Einleitung mit der Hand auf den Tisch, »so geht es nicht weiter. Wenn ihr das vielleicht nicht einsehet, ich sehe es ein. Ich will vor diesem Untier nicht den Namen meines Bruders aussprechen und sage daher bloß: Wir müssen versuchen, es loszuwerden. Wir haben das Menschenmögliche versucht, es zu pflegen und zu dulden, ich glaube, es kann uns niemand den geringsten Vorwurf machen.«

»Sie hat tausendmal Recht«, sagte der Vater für sich. Die Mutter, die noch immer nicht genug Atem finden konnte, fing mit einem irrsinnigen Ausdruck der Augen dumpf in die vorgehaltene Hand zu husten an.

Die Schwester eilte zur Mutter und hielt ihr die Stirn. Der Vater schien durch die Worte der Schwester auf bestimmtere Gedanken gebracht zu sein, hatte sich aufrecht gesetzt, spielte mit seiner Dienermütze zwischen den Tellern, die noch vom Nachtmahl der Zimmerherren her auf dem Tische standen, und sah bisweilen auf den stillen Gregor hin.

»Wir müssen es loszuwerden suchen«, sagte die Schwester nun ausschließlich zum Vater, denn die Mutter hörte in ihrem Husten nichts, »es bringt euch noch beide um, ich sehe es kommen. Wenn man schon so schwer arbeiten muss wie wir alle, kann man nicht noch zu Hause diese ewige Quälerei ertragen. Ich kann es auch nicht mehr.« Und sie brach so heftig in Weinen aus, dass ihre Tränen auf das Gesicht der Mutter niederflossen, von dem sie sie mit mechanischen Handbewegungen wischte.

»Kind«, sagte der Vater mitleidig und mit auffallendem Verständnis, »was sollen wir aber tun?«

Die Schwester zuckte nur die Achseln zum Zeichen der Ratlosigkeit, die sie nun während des Weinens im Gegensatz zu ihrer früheren Sicherheit ergriffen hatte.

»Wenn er uns nur verstünde«, sagte der Vater halb fragend; die Schwester schüttelte aus dem Weinen heraus heftig die Hand zum Zeichen, dass daran nicht zu denken sei.

»Wenn er uns verstünde«, wiederholte der Vater und nahm durch Schließen der Augen die Überzeugung der Schwester von der Unmöglichkeit dessen in sich auf, »dann wäre vielleicht ein Übereinkommen mit ihm möglich. Aber so –«

»Weg muss es«, rief die Schwester, »das ist das einzige Mittel, Vater. Du musst bloß den Gedanken loszuwerden suchen, dass es Gregor ist. Dass wir es so lange geglaubt haben, das ist ja unser eigentliches Unglück. Aber wie kann es denn Gregor sein? Wenn es Gregor wäre, er hätte längst eingesehen, dass ein Zusammenleben von Menschen mit einem solchen Tier nicht möglich ist, und wäre freiwillig fortgegangen. Wir hätten dann keinen Bruder, aber könnten weiter leben und sein Andenken in Ehren halten. So aber verfolgt uns dieses Tier, vertreibt die Zimmerherren, will offenbar die ganze Wohnung einnehmen und uns auf der Gasse übernachten lassen. Sieh nur, Vater«, schrie sie plötzlich auf, »er fängt schon wieder an!« Und in einem für Gregor gänzlich unverständlichen Schrecken verließ die Schwester sogar die Mutter, stieß sich förmlich von ihrem Sessel ab, als wollte sie lieber die Mutter opfern, als in Gregors Nähe bleiben, und eilte hinter den Vater, der lediglich durch ihr Benehmen erregt auch aufstand und die Arme wie zum Schutze der Schwester vor ihr halb erhob.

Aber Gregor fiel es doch gar nicht ein, irgendjemandem und gar seiner Schwester Angst machen zu wollen. Er hatte bloß angefangen sich umzudrehen, um in sein Zimmer zurückzuwandern, und das nahm sich allerdings auffallend aus, da er infolge seines leidenden Zustandes bei den schwierigen Umdrehungen mit seinem Kopfe nachhelfen musste, den er hierbei viele Male hob und gegen den Boden schlug. Er hielt inne und sah sich um. Seine gute Absicht schien erkannt worden zu sein; es war nur ein augenblicklicher Schrecken gewesen. Nun sahen ihn alle schweigend und traurig an. Die Mutter lag, die Beine ausgestreckt und aneinandergedrückt, in ihrem Sessel, die Augen fielen ihr vor Ermattung fast zu; der Vater und die Schwester saßen nebeneinander, die Schwester hatte ihre Hand um des Vaters Hals gelegt.

»Nun darf ich mich schon vielleicht umdrehen«, dachte Gregor und begann seine Arbeit wieder. Er konnte das Schnaufen der Anstrengung nicht unterdrücken und musste auch hie und da ausruhen. Im Übrigen drängte ihn auch niemand, es war alles ihm selbst überlassen. Als er die Umdrehung vollendet hatte, fing er sofort an geradeaus zurückzuwandern. Er staunte über die große Entfernung, die ihn von seinem Zimmer trennte, und begriff gar nicht, wie er bei seiner Schwäche vor kurzer Zeit den gleichen Weg, fast ohne es zu merken, zurückgelegt hatte. Immerfort nur auf rasches Kriechen bedacht achtete er kaum darauf, dass kein Wort, kein Ausruf seiner Familie ihn störte. Erst als er schon in der Tür war, wendete er den Kopf, nicht vollständig, denn er fühlte den Hals steif werden, immerhin sah er noch, dass sich hinter ihm nichts verändert hatte, nur die Schwester war aufgestanden. Sein letzter Blick streifte die Mutter, die nun völlig eingeschlafen war.

Kaum war er innerhalb seines Zimmers, wurde die Tür eiligst zugedrückt, festgeriegelt und versperrt. Über den plötzlichen Lärm hinter sich erschrak Gregor so, dass ihm die Beinchen einknickten. Es war die Schwester, die sich so beeilt hatte. Aufrecht war sie schon da gestanden und hatte gewartet, leichtfüßig war sie dann vorwärts gesprungen, Gregor hatte sie nicht kommen hören, und ein »Endlich!« rief sie den Eltern zu, während sie den Schlüssel im Schloss umdrehte.

»Und jetzt?«, fragte sich Gregor und sah sich im Dunkeln um. Er machte bald die Entdeckung, dass er sich nun überhaupt nicht mehr rühren konnte. Er wunderte sich darüber nicht, eher kam es ihm unnatürlich vor, dass er sich bis jetzt tatsächlich mit diesen dünnen Beinchen hatte fortbewegen können. Im Übrigen fühlte er sich verhältnismäßig behaglich. Er hatte zwar Schmerzen im ganzen Leib, aber ihm war, als würden sie allmählich schwächer und schwächer und würden schließlich ganz vergehen. Den verfaulten Apfel in seinem Rücken und die entzündete Umgebung, die ganz von weichem Staub bedeckt war, spürte er schon kaum. An seine Familie dachte er mit Rührung und Liebe zurück. Seine Meinung darüber, dass er verschwinden müsse, war womöglich noch entschiedener als die seiner Schwester. In diesem Zustand leeren und friedlichen Nachdenkens blieb er, bis die Turmuhr die dritte Morgenstunde schlug. Den Anfang des allgemeinen Hellerwerdens draußen vor dem Fenster erlebte er noch. Dann sank sein Kopf ohne seinen Willen gänzlich nieder und aus seinen Nüstern strömte sein letzter Atem schwach hervor.

Als am frühen Morgen die Bedienerin kam – vor lauter Kraft und Eile schlug sie, wie oft man sie auch schon gebeten hatte, das zu vermeiden, alle Türen derartig zu, dass in der ganzen Wohnung von ihrem Kommen an kein ruhiger Schlaf mehr möglich war –, fand sie bei ihrem gewöhnlichen kurzen Besuch bei Gregor zuerst nichts Besonderes. Sie dachte, er liege absichtlich so unbeweglich da und spiele den Beleidigten; sie traute ihm allen möglichen Verstand zu. Weil sie zufällig den langen Besen in der Hand hielt, suchte sie mit ihm, Gregor von der Tür aus zu kitzeln. Als sich auch da kein Erfolg zeigte, wurde sie ärgerlich und stieß ein wenig in Gregor hinein, und erst als sie ihn ohne jeden Widerstand von seinem Platze geschoben hatte, wurde sie aufmerksam. Als sie bald den wahren Sachverhalt erkannte, machte sie große Augen, pfiff vor sich hin, hielt sich aber nicht lange auf, sondern riss die Tür des Schlafzimmers auf und rief mit lauter Stimme in das Dunkel hinein: »Sehen Sie nur mal an, es ist krepiert; da liegt es, ganz und gar krepiert!«

krepieren: elend zugrunde gehen, sterben

Das Ehepaar Samsa saß im Ehebett aufrecht da und hatte zu tun, den Schrecken über die Bedienerin zu verwinden, ehe es dazu kam, ihre Meldung aufzufassen. Dann aber stiegen Herr und Frau Samsa, jeder auf seiner Seite, eiligst aus dem Bett, Herr Samsa warf die Decke über seine Schultern, Frau Samsa kam nur im Nachthemd hervor; so traten sie in Gregors Zimmer. Inzwischen hatte sich auch die Tür des Wohnzimmers geöffnet, in dem Grete seit dem Einzug der Zimmerherren schlief; sie war völlig angezogen, als hätte sie gar nicht geschlafen, auch ihr bleiches Gesicht schien das zu beweisen. »Tot?«, sagte Frau Samsa und sah fragend zur Bedienerin auf, trotzdem sie doch alles selbst prüfen und sogar ohne Prüfung erkennen konnte. »Das will ich meinen«, sagte die Bedienerin und stieß zum Beweis Gregors Leiche mit dem Besen noch ein großes Stück seitwärts. Frau Samsa machte eine Bewegung, als wolle sie den Besen zurückhalten, tat es aber nicht. »Nun«, sagte Herr Samsa, »jetzt können wir Gott danken.« Er bekreuzigte sich und die drei Frauen folgten seinem Beispiel. Grete, die kein Auge von der Leiche wendete, sagte: »Seht nur, wie mager er war. Er hat ja auch schon so lange Zeit nichts gegessen. So wie die Speisen hereinkamen, sind sie wieder hinausgekommen.« Tatsächlich war Gregors Körper vollständig flach und trocken, man erkannte das eigentlich erst jetzt, da er nicht mehr von den Beinchen gehoben war und auch sonst nichts den Blick ablenkte.

»Komm, Grete, auf ein Weilchen zu uns herein«, sagte Frau Samsa mit einem wehmütigen Lächeln und Grete ging, nicht ohne nach der Leiche zurückzusehen, hinter den Eltern in das Schlafzimmer. Die Bedienerin schloss die Tür und öffnete gänzlich das Fenster. Trotz des frühen Morgens war der frischen Luft schon etwas Lauigkeit beigemischt. Es war eben schon Ende März.

Aus ihrem Zimmer traten die drei Zimmerherren und sahen sich erstaunt nach ihrem Frühstück um; man hatte sie vergessen. »Wo ist das Frühstück?«, fragte der mittlere der Herren mürrisch die Bedienerin. Diese aber legte den Finger an den Mund und winkte dann hastig und schweigend den Herren zu, sie möchten in Gregors Zimmer kommen. Sie kamen auch und standen dann, die Hände in den Taschen ihrer etwas abgenützten Röckchen, in dem nun schon ganz hellen Zimmer um Gregors Leiche herum.

Da öffnete sich die Tür des Schlafzimmers und Herr Samsa erschien in seiner Livree, an einem Arm seine Frau, am anderen seine Tochter. Alle waren ein wenig verweint; Grete drückte bisweilen ihr Gesicht an den Arm des Vaters.

»Verlassen Sie sofort meine Wohnung!«, sagte Herr Samsa und zeigte auf die Tür, ohne die Frauen von sich zu lassen.

»Wie meinen Sie das?«, sagte der mittlere der Herren etwas bestürzt und lächelte süßlich. Die zwei anderen hielten die Hände auf dem Rücken und rieben sie ununterbrochen aneinander, wie in freudiger Erwartung eines großen Streites, der aber für sie günstig ausfallen musste. »Ich meine es genau so, wie ich es sage«, antwortete Herr Samsa und ging in einer Linie mit seinen zwei Begleiterinnen auf den Zimmerherrn zu. Dieser stand zuerst still da und sah zu Boden, als ob sich die Dinge in seinem Kopf zu einer neuen Ordnung zusammenstellten. »Dann gehen wir also«, sagte er dann und sah zu Herrn Samsa auf, als verlange er in einer plötzlich ihn überkommenden Demut sogar für diesen Entschluss eine neue Genehmigung. Herr Samsa nickte ihm bloß mehrmals kurz mit großen Augen zu. Daraufhin ging der Herr tatsächlich sofort mit langen Schritten ins Vorzimmer; seine beiden Freunde hatten schon ein Weilchen lang mit ganz ruhigen Händen aufgehorcht und hüpften ihm jetzt geradezu nach, wie in Angst, Herr Samsa könnte vor ihnen ins Vorzimmer eintreten und die Verbindung mit ihrem Führer stören. Im Vorzimmer nahmen alle drei die Hüte vom Kleiderrechen, zogen ihre Stöcke aus dem Stockbehälter, verbeugten sich stumm und verließen die Wohnung. In einem, wie sich zeigte, gänzlich unbegründeten Misstrauen trat Herr Samsa mit den zwei Frauen auf den Vorplatz hinaus; an das Geländer gelehnt sahen sie zu, wie die drei Herren zwar langsam, aber ständig die lange Treppe hinunterstiegen, in jedem Stockwerk in einer bestimmten Biegung des Treppenhauses verschwanden und nach ein paar Augenblicken wieder hervorkamen; je tiefer sie gelangten, desto mehr verlor sich das Interesse der Familie Samsa für sie, und als ihnen entgegen und dann hoch über sie hinweg ein Fleischergeselle mit der Trage auf dem Kopf in stolzer Haltung heraufstieg, verließ bald Herr Samsa mit den Frauen das Geländer, und alle kehrten wie erleichtert in ihre Wohnung zurück.

Kleiderrechen: Kleiderständer

Sie beschlossen, den heutigen Tag zum Ausruhen und Spazierengehen zu verwenden; sie hatten diese Arbeitsunterbrechung nicht nur verdient, sie brauchten sie sogar unbedingt. Und so setzten sie sich zum Tisch und schrieben drei Entschuldigungsbriefe, Herr Samsa an seine Direktion, Frau Samsa an ihren Auftraggeber und Grete an ihren Prinzipal. Während des Schreibens kam die Bedienerin herein, um zu sagen, dass sie fortgehe, denn ihre Morgenarbeit war beendet. Die drei Schreibenden nickten zuerst bloß, ohne aufzuschauen, erst als die Bedienerin sich immer noch nicht entfernen wollte, sah man ärgerlich auf. »Nun?«, fragte Herr Samsa. Die Bedienerin stand lächelnd in der Tür, als habe sie der Familie ein großes Glück zu melden, werde es aber nur dann tun, wenn sie gründlich ausgefragt werde. Die fast aufrechte kleine Straußfeder auf ihrem Hut, über die sich Herr Samsa schon während ihrer ganzen Dienstzeit ärgerte, schwankte leicht nach allen Richtungen. »Also, was wollen Sie eigentlich?«, fragte Frau Samsa, vor welcher die Bedienerin noch am meisten Respekt hatte. »Ja«, antwortete die Bedienerin und konnte vor freundlichem Lachen nicht gleich weiterreden, »also darüber, wie das Zeug von nebenan weggeschafft werden soll, müssen Sie sich keine Sorge machen. Es ist schon in Ordnung.« Frau Samsa und Grete beugten sich zu ihren Briefen nieder, als wollten sie weiterschreiben; Herr Samsa, welcher merkte, dass die Bedienerin nun alles ausführlich zu beschreiben anfangen wollte, wehrte dies mit ausgestreckter Hand entschieden ab. Da sie aber nicht erzählen durfte, erinnerte sie sich an die große Eile, die sie hatte, rief offenbar beleidigt: »Adjes allseits«, drehte sich wild um und verließ unter fürchterlichem Türezuschlagen die Wohnung.

Prinzipal: Chef

Adjes: Adieu, auf Wiedersehen

»Abends wird sie entlassen«, sagte Herr Samsa, bekam aber weder von seiner Frau noch von seiner Tochter eine Antwort, denn die Bedienerin schien ihre kaum gewonnene Ruhe wieder gestört zu haben. Sie erhoben sich, gingen zum Fenster und blieben dort, sich umschlungen haltend. Herr Samsa drehte sich in seinem Sessel nach ihnen um und beobachtete sie still ein Weilchen. Dann rief er: »Also kommt doch her. Lasst schon endlich die alten Sachen. Und nehmt auch ein wenig Rücksicht auf mich.«

Gleich folgten ihm die Frauen, eilten zu ihm, liebkosten ihn und beendeten rasch ihre Briefe.

Dann verließen alle drei gemeinschaftlich die Wohnung, was sie schon seit Monaten nicht getan hatten, und fuhren mit der Elektrischen ins Freie vor die Stadt. Der Wagen, in dem sie allein saßen, war ganz von warmer Sonne durchschienen. Sie besprachen, bequem auf ihren Sitzen zurückgelehnt, die Aussichten für die Zukunft und es fand sich, dass diese bei näherer Betrachtung durchaus nicht schlecht waren, denn aller drei Anstellungen waren, worüber sie einander eigentlich noch gar nicht ausgefragt hatten, überaus günstig und besonders für später vielversprechend. Die größte augenblickliche Besserung der Lage musste sich natürlich leicht durch einen Wohnungswechsel ergeben; sie wollten nun eine kleinere und billigere, aber besser gelegene und überhaupt praktischere Wohnung nehmen, als es die jetzige, noch von Gregor ausgesuchte war. Während sie sich so unterhielten, fiel es Herrn und Frau Samsa im Anblick ihrer immer lebhafter werdenden Tochter fast gleichzeitig ein, wie sie in der letzten Zeit trotz aller Plage, die ihre Wangen bleich gemacht hatte, zu einem schönen und üppigen Mädchen aufgeblüht war. Stiller werdend und fast unbewusst durch Blicke sich verständigend dachten sie daran, dass es nun Zeit sein werde, auch einen braven Mann für sie zu suchen. Und es war ihnen wie eine Bestätigung ihrer neuen Träume und guten Absichten, als am Ziele ihrer Fahrt die Tochter als Erste sich erhob und ihren jungen Körper dehnte.

Elektrische: Straßenbahn

Sachinformationen

Modernisierung und Kleinbürgertum um 1900

Die zweite Hälfte des 19. Jahrhunderts war in Europa von einer tiefgreifenden Dynamisierung und in vielen Bereichen auch Modernisierung geprägt. In wenigen Jahrzehnten vollzogen sich in technischer, wirtschaftlicher und gesellschaftlicher Hinsicht zahlreiche Veränderungen. So begannt etwa die althergebrachte Ständegesellschaft zu bröckeln, als das aufstrebende Bürgertum, vor allem erfolgreiche Unternehmer in der neu entstehenden Industrie, als bestimmende Kraft neben den Adel trat. Was das Ausmaß und die Geschwindigkeit dieser Prozesse angeht, sind regional sehr große Unterschiede festzustellen: In England begann die Industrialisierung früher als auf dem Kontinent; in den Städten änderten sich die Verhältnisse schneller als auf dem Land. Auch die Reaktionen auf diese Umbrüche waren unterschiedlich. Bei manchen Menschen löste der Fortschritt Begeisterung aus, bei anderen Skepsis und den beharrlichen Wunsch, am Gewohnten festzuhalten. Er inspirierte den Unternehmergeist, sorgte jedoch auch für Gefühle der Überforderung.

Industrialisierung und Urbanisierung veränderten die Umwelt, aber auch die soziale Struktur der Gesellschaft als Ganzes und die tradierten Lebensformen weiter Bevölkerungskreise. Die Menschen dieser Zeit unterschieden sich durch zwei Grunderfahrungen von ihren Vorfahren: Zum einen erlebten sie, dass sich Verhältnisse ändern können, die über Generationen als stabil und geradezu unveränderlich galten. Zum anderen lebten sie in einem Umfeld, das von Rationalisierung, von Beschleunigung geprägt war. »Auch das alltägliche Tempo [...] nimmt zu. Die moderne Paradoxie, daß man ständig mit Eisenbahn und Trambahn z.B. Zeit spart und ständig weniger Zeit hat, entsteht. Beschleunigung, Tempo, Hektik, das ist nicht nur bürgerlich, sondern generell großstädtisch und gehört darum auch zur Erfahrung der Arbeiter.« (Nipperdey 1998, S. 188) Eisenbahn und Telegraf, später dann die Elektrifizierung der Städte, revolutionierten Verkehr und Kommunikation, was sich auch auf den Handel auswirkte.

In der Folge zeichneten sich um 1900 bereits Entwicklungen ab, die sich im Verlauf des 20. Jahrhunderts noch weiter verstärken sollten. Dazu gehört der Ausbau des »tertiären Sektors«, d.h. Handel und Dienstleistungen aller Art. Die Vergrößerung des öffentlichen Dienstes in den modernen Nationalstaaten schuf neue Arbeitsplätze in der Verwaltung. Gleichzeitig entstand im Dienstleistungssektor ein Betätigungsfeld für eine »neue soziale Gruppe von unsicherem Status und Selbstgefühl« (Informationen 2012, S. 64): die Angestellten. Neben mittelständischen Handwerkern und der niedrigen Beamtenschaft bildeten sie das Kleinbürgertum, in dem es wiederum große soziale Unterschiede und eine vergleichsweise hohe soziale Mobilität – d.h. die Möglichkeit des sozialen Auf- oder Abstiegs – gab. Angestellte oder »Handlungsgehilfen«, zu denen etwa Buchhalter, Sekretärinnen oder auch Handlungsreisende (→ Handlungsreisende) gehörten, verdienten kaum mehr als ein Facharbeiter, mussten sich jedoch die Hände nicht schmutzig machen und traten in bürgerlicher Kleidung auf, weswegen sie sich zumeist als »etwas Besseres« betrachteten. Andererseits verursachte die Abhängigkeit als Angestellter bei Menschen bürgerlicher Herkunft, deren Vorfahren als Händler oder Handwerker selbständig gewesen waren, auch Angst vor einem sozialen Abstieg. Dieser Angst versuchten die kleinbürgerlichen Angestellten durch Abgrenzung gegenüber der Arbeiterschaft und durch die Orientierung am Lebensstil des Großbürgertums entgegenzuwirken. Essen, Kleidung, Wohnen und, wenn auch zunehmend seltener, die Beschäftigung von Dienstboten waren Ausdruck des kleinbürgerlichen Selbstverständnisses.

Mentalitätsgeschichtlich gesehen war der Einzelne um 1900 herausgefordert, die vielen verschiedenen Rollen, die er spielte, in Einklang zu bringen: »[Die Rollen] als Mann und Vater, Frau und Mutter oder als Kind, als Stadtbürger und als Arbeitnehmer, Mieter und Sparer, Konsument und Wähler etc. vervielfachen sich, differenzieren sich, treten auseinander.« (Nipperdey 1998, S. 188) In dieser immer komplexer werdenden Welt wurden zwei Bereiche zentral für die Menschen sowohl der unteren als auch der oberen Schichten: Arbeit und Familie. Beide sicherten nicht nur die wirtschaftliche Existenz, sondern hatten das Potenzial, für den Einzelnen Identität und Lebenssinn zu stiften (→ Die bürgerliche Familie um 1900).

Literatur

Ajouri, Philip: Literatur um 1900. Naturalismus – Fin de Siècle – Expressionismus. Berlin: Akademie Verlag 2009, S. 9–24.

Informationen zur politischen Bildung. Das 19. Jahrhundert. Nr. 315 (2/2012).

Kroll, Frank-Lothar: Geburt der Moderne. Politik, Gesellschaft und Kultur vor dem Ersten Weltkrieg. Berlin: be.bra 2013.

Kruse, Wolfgang: Bürgerliche Kultur und ihre Reformbewegungen (27.9.2012).
URL: http://www.bpb.de/geschichte/deutsche-geschichte/kaiserreich/139652/buergerliche-kultur-und-ihre-reformbewegungen [zuletzt aufgerufen am 13.2.2015].

Nipperdey, Thomas: Deutsche Geschichte 1866–1918. Bd. I: Arbeitswelt und Bürgergeist. Sonderausgabe. München: C. H. Beck 1998.

Handlungsreisende

Vor dem Hintergrund zunehmender verkehrstechnischer Mobilität und einer dynamischen Entwicklung des Handlungs- und Dienstleistungssektors (→ Modernisierung und Kleinbürgertum um 1900) entwickelte sich ein neuer Berufsstand, der um 1900 aufgrund seiner betriebs- und volkswirtschaftlichen Bedeutung bereits Gegenstand wirtschaftswissenschaftlicher Analysen geworden war – der Handlungsreisende: »Im weitesten Sinne des Wortes müssen wir als Handlungsreisenden jeden ansehen, der für eine Handlung reist, um Geschäfte, die den Auftraggeber rechtlich verpflichten, abzuschließen bzw. einzuleiten.« (Froneberg 1911, S. 4)

Handlungsreisende, auch »Reisende« genannt, konnten als selbständige »Agenten« auf Provisionsbasis für ein oder mehrere Unternehmen tätig sein. Die meisten von ihnen waren jedoch abhängige Angestellte eines Unternehmens, für das sie im Außendienst arbeiteten. Selten handelte es sich dabei um Vertreter von Großhändlern, die den Einzelhandel belieferten; der typische Reisende bot bei Privatkunden die Waren bzw. Dienstleistungen seines Unternehmens an. Damit gehörten sie zur um 1900 wachsenden Gruppe der »Handlungsgehilfen« – kleinbürgerliche Angestellte, die kaum mehr als Facharbeiter verdienten, sich von diesen jedoch durch bürgerliches Auftreten abzugrenzen suchten (→ Modernisierung und Kleinbürgertum um 1900).

Einerseits musste der Arbeitgeber seinem Handlungsreisenden ein gewisses Maß an Vertrauen entgegenbringen, da dieser während der Reise nicht unter direkter Aufsicht stand und ihm die Erstattung seiner Reisekosten gewährt wurde. Dennoch versuchten die Arbeitgeber in der Regel, eine gewisse Kontrolle auszuüben. Dies wurde in größeren Unternehmen teilweise durch leitende Angestellte besorgt, die stichprobenartig durch unangekündigte Besuche überprüften, ob der Reisende seinen Reiseplan einhielt. Aber auch in kleineren Unternehmen musste der Reisende unterwegs den Kontakt zur Niederlassung halten, was in dieser Zeit schon durch ein Telegrafennetz ermöglicht wurde. Zudem war es um 1900 bereits üblich geworden, nur noch einen mehr oder weniger auskömmlichen Sockelbetrag als festes Gehalt auszuzahlen und darüber hinaus Provisionen für erfolgreiche Vertragsabschlüsse in Aussicht zu stellen, was den Reisenden auch ohne direkte Kontrolle motivierte.

Zu den Aufgaben des Handlungsreisenden gehörten im Vorfeld einer Reise die Zusammenstellung von Musterkollektionen oder ähnlichem Informations- bzw. Werbematerial sowie die Ausarbeitung von zeit- und kostensparenden Reiseplänen. Unterwegs musste er neben den eigentlichen Kundenbesuchen auch den Kontakt zur Niederlassung halten, seine Kunden über seine bevorstehende Ankunft informieren, im Interesse seiner Firma die Zahlungsfähigkeit seiner Kunden prüfen und Vertragsunterlagen ausfertigen. Nach der Rückkehr hatte er die Ausführung der Aufträge zu überwachen, sich um eventuelle Reklamationen zu kümmern und sich über den allgemeinen Gang der Geschäfte in der Zeit seiner Abwesenheit zu informieren.

Die soziale Stellung der Handlungsreisenden hing von ihrer konkreten Aufgabe und ihrer Stellung im Unternehmen ab und differierte entsprechend stark. Was die Masse der einfachen Handlungsreisenden, die ihre Geschäfte mit Privatleuten abschlossen, anging, gestaltete sich die finanzielle und soziale Situation oft prekär.

Dementsprechend war die Fluktuation relativ groß, die Reisenden im Durchschnitt nicht älter als 45 Jahre. Erfolgreiche Handlungsreisende bemühten sich meist darum, Ersparnisse anzulegen, die ihnen den Weg in die Selbständigkeit ermöglichten. Gelang dies nicht, waren die Aussichten alles andere als rosig, wenn man einer zeitgenössischen Untersuchung Glauben schenkt: »Eine Folge des ruh- und rastlosen Lebens, des steten Wechsels von Kost und Wohnung, ist die, daß der Gesundheitszustand sowohl der inländischen Reisenden wie ganz besonders auch der Kaufleute, welche das Ausland zu bereisen haben, als ein durchaus ungünstiger zu bezeichnen ist [...]. Tritt der Tod nicht vorzeitig ein, so macht sich schon sehr früh ein Siechtum bemerkbar, der Reisende vermag nicht mehr in gewohnter Weise seine Reisetätigkeit auszuüben. [...] Die Krankheiten, unter denen die reisenden Kaufleute besonders zu leiden haben, sind Nerven-, Magen-, Herz-, rheumatische Leiden.« (Wölfel 1913, S. 94 f.)

Literatur

Froneberg, Fritz: Der Handlungsreisende. Meissen: Bruno Thieme 1911.

Informationen zur politischen Bildung. Das 19. Jahrhundert. Nr. 315 (2/2012).

Kroll, Frank-Lothar: Geburt der Moderne. Politik, Gesellschaft und Kultur vor dem Ersten Weltkrieg. Berlin: be.bra 2013.

Nipperdey, Thomas: Der neue Mittelstand und das Bürgertum. In: Ders.: Deutsche Geschichte 1866–1918. Bd. I: Arbeitswelt und Bürgergeist. Sonderausgabe. München: C. H. Beck 1998, S. 374–395.

Wölfel, Franz Gustav: Der Handlungsreisende. Leipzig: Otto Wigand 1913

Die bürgerliche Familie um 1900

Die Familie hatte im 19. Jahrhundert eine besondere Bedeutung: Sie galt als Garantin für Moral, Gemeinschaft, Privatheit und Lebenssinn. Damit bildete sie ein Bollwerk gegenüber staatlichen oder gesellschaftlichen Eingriffen. Zwar besaß jedes Familienmitglied individuelle Rechte, konnte aber seine Individualität nur bedingt, d. h. im Rahmen der gegebenen Konventionen und des Familieninteresses entfalten. »Im Grunde rangiert die Familie vor dem Individuum.« (Nipperdey 1998, S. 43) Singles waren in dieser Gesellschaft dementsprechend wenig angesehen, lediglich Künstler »mit Bohèmeneigungen« (ebd., S. 44) konnten sich solche Sonderwege leisten

und stellten damit meist auch das Konzept und den Rang der bürgerlichen Familie in Frage.
Über wichtige Fragen, etwa die Art der Lebensführung und den Bildungsweg der Kinder, entschied der Mann. Während er am öffentlichen Leben teilnahm und für den Erwerb des Familienunterhalts verantwortlich war, war die Frau für die Kinder und die Aufgaben im Haus zuständig. In großbürgerlichen Familien übernahmen meist Dienstboten, die zwar persönlich an die Familie gebunden waren, aufgrund ihres sozialen Status aber auch auf Distanz gehalten wurden, einen Großteil dieser Arbeiten, während sich die Frau mit Handarbeiten die Zeit vertrieb oder sich der Haushaltsführung widmete. Dazu gehörten beispielsweise die Vergabe der hauswirtschaftlichen Tätigkeiten oder Repräsentationsaufgaben wie das Aussprechen und Wahrnehmen von Einladungen und das Empfangen von Gästen.
Familien aus dem Kleinbürgertum wohnten in Städten häufig in (aufgrund der Wohnungsnot oft hochpreisigen) Mietwohnungen und standen zu den Vermietern in einem Abhängigkeitsverhältnis. Ort und Größe der Wohnung repräsentierten den wirtschaftlichen Wohlstand der Familie. Waren die Mietkosten höher als das Budget, vermietete man ein Zimmer der Wohnung an sogenannte »möblierte Herren« oder »Zimmerherren« (in kleineren Arbeiterwohnungen »Schlafgänger«), die nicht genügend Geld besaßen, um eine eigene Wohnung zu finanzieren. Den zentralen Ort der Wohnung bildete die sogenannte »gute Stube«, die im Gegensatz zu den anderen einfach eingerichteten Räumen am Stil des Großbürgertums orientiert war und damit eine Repräsentationsfunktion übernahm (→ Modernisierung und Kleinbürgertum um 1900).
Das von den Frauen verwaltete Heim stellte einen wichtigen Schutzraum vor der Außenwelt dar – Harmonie und Frieden bildeten hier Leitprinzipien, denen sich die Familienmitglieder verpflichten mussten, was auch zur Unterdrückung von Problemen und Gefühlen von Enge führen konnte. Gewisse Freiräume für die Familienmitglieder ergaben sich, wenn die Woh-

nungen groß genug waren, um jedem Familienmitglied ein eigenes Zimmer zu ermöglichen. »Möblierte Herren« schränkten solche Freiräume wie die Privatsphäre wiederum drastisch ein.

Die Kinder wurden überwiegend autoritär erzogen, d. h. von ihnen wurden unbedingter Gehorsam gegenüber den Eltern und anderen erwachsenen Autoritäten und die Einfügung in die bestehende Ordnung erwartet. Ein besonderes Anliegen der Eltern – gerade aus dem Kleinbürgertum – bestand darin, dass ihre Kinder »es einmal besser haben« sollten als sie selbst. Daher investierten sie viel Geld in die Ausbildung der Kinder, wobei die Jungen bevorzugt gefördert, in ihrer Berufswahl aber auch stark dirigiert wurden – weniger Neigung als Wirtschaftlichkeit des zukünftigen Berufs spielten hier eine Rolle. So waren die Kinder zwar der Stolz ihrer Eltern, aber deren Fürsorge drückte sich mehr in rigiden Erziehungsformen, in Leistungsdruck und Kontrolle aus als in einer vertrauensvollen emotionalen Bindung.

Das herrschende Familienideal bröckelte Ende des 19. Jahrhunderts, was sich auch in der Literatur niederschlug, in der die Familie zunehmend als »Ort der Konflikte, des Schicksals, des Leidens« (Nipperdey 1998, S. 45) thematisiert und die patriarchalische Familienordnung in Frage gestellt wurde.

Literatur

Kids Kultour (Gruler, Sabine/Wagner, Kirsten): Zeitklicks. 1890–1918 Kaiserzeit.
URL: http://www.zeitklicks.de/kaiserzeit/zeitklicks/zeit/alltag/wohnen-und-leben/ [zuletzt aufgerufen am 13.2.2015].

Nipperdey, Thomas: Familie, Geschlechter, Generationen. In: Ders.: Deutsche Geschichte 1866–1918. Bd. I: Arbeitswelt und Bürgergeist. Sonderausgabe. München: C. H. Beck 1998, S. 43–124.

Nipperdey, Thomas: Wohnen. In: Ders.: Deutsche Geschichte 1866–1918. Bd. I: Arbeitswelt und Bürgergeist. Sonderausgabe. München: C. H. Beck 1998, S. 136–150.

Ich-Krise und Psychologie

Philosophie und Psychologie um 1900 widmeten sich der Frage nach dem Ich und hier insbesondere dem Bewusstsein des Menschen bzw. seiner Wahrnehmungsfähigkeit sowie dem Einfluss des Unbewussten. Während in der Epoche des Realismus noch die Annahme einer objektiv fassbaren Wirklichkeit vorherrschte, wurde dies nun angezweifelt und Wirklichkeit als etwas angesehen, das von der Perspektive des einzelnen Subjekts abhing. Das Subjekt wurde dabei nicht mehr als bewusste, autonome Einheit verstanden, sondern als ein vom Unbewussten bestimmtes »Bündel aus heterogenen und wandelbaren Empfindungen« (Ajouri 2009, S. 117). Insofern spricht man von einer Ich-Krise, die häufig zum Thema der literarischen Moderne wurde (→ Literarische Moderne).

Philosophie und Psychologie inspirierten sich auf diesem Feld gegenseitig. Sowohl der Neukantianismus – eine um 1875 von Otto Liebmann und Friedrich Albert Lange eingeleitete philosophische Bewegung, die an Immanuel Kants (1724–1804) Erkenntniskritik anknüpfte – als auch Friedrich Nietzsches (1844–1900) Schriften, in denen er hervorhebt, dass die Erkenntnis des Menschen immer abhängig von seinem Standpunkt und damit begrenzt ist, führten zu einer Relativierung von und Kritik an traditionellen Menschenbildern und Wertvorstellungen.

So definierte der Bewusstseinspsychologe Wilhelm Wundt (1832–1920) das Seelische nicht als statisches System, sondern als Ausdruck für die in beständigem Fluss befindliche innere Erfahrung. Weitergeführt wurde diese sogenannte Elementenpsychologie, die versuchte, komplexe psychologische Vorgänge auf kleinere, fassbare Grundelemente zurückzuführen, von Ernst Mach (1838–1916), dessen Werk in Künstlerkreisen stark rezipiert wurde. Hier etablierte sich die von Hermann Bahr (1863–1934) in Auseinandersetzung mit Mach entwickelte Leitformel vom »unrettbaren Ich«: »Das Ich ist unrettbar. Die Vernunft hat die alten Götter umgestürzt und unsere Erde entthront. Nun droht sie, auch uns zu vernichten.

Da werden wir erkennen, daß das Element unseres Lebens nicht die Wahrheit ist, sondern die Illusion. Für mich gilt, nicht was wahr ist, sondern was ich brauche, und so geht die Sonne dennoch auf, die Erde ist wirklich und Ich bin Ich.« (Bahr 1904, S. 101) Der Dramaturg und Literaturkritiker Bahr forderte, dass die neue Kunst der neuen wissenschaftlichen Psychologie entsprechen, d. h. »Seelenstände« (zit. nach Ajouri 2009, S. 121) schildern solle.

Besonders die Kunst des Impressionismus, die sich der Wiedergabe des unmittelbaren Eindrucks verpflichtete, ließ sich von dieser Programmatik anleiten. Der österreichische Schriftsteller Arthur Schnitzler (1862–1931) hat dieses impressionistische Ich folgendermaßen charakterisiert: »Die Seele mancher Menschen scheint aus einzelnen [...] Elementen zu bestehen, die sich niemals um ein Zentrum gruppieren, also auch keine Einheit zu bilden im Stande sind. So lebt der kernlose Mensch in einer ungeheuren und ihm doch niemals völlig zu Bewußtsein kommenden Einsamkeit dahin.« (Zit. nach ebd., S. 128)

Die Bewusstseinspsychologie konzentrierte sich auf die Analyse seelischer Vorgänge und nutzte unter anderem die Methode der Introspektion und Selbstbeobachtung, um über Bewusstseinsinhalte Auskunft zu erhalten. Daneben entwickelte die Tiefenpsychologie, die die Entstehung und die Auswirkung unbewusster psychischer Prozesse mittels therapeutischer Verfahren zu ergründen sucht, ein modernes Verständnis vom Ich. Wichtige Vertreter waren Sigmund Freud (1856–1939) und Carl Gustav Jung (1875–1961). In ihren Studien beschäftigten sie sich vor allem mit psychischen Krankheiten, insbesondere mit dem seinerzeit populären Phänomen der Hysterie, das heute als überholtes, da kulturell erzeugtes und konstruiertes Krankheitsbild betrachtet wird. Als Ursache für Hysterie wurde ein gespaltenes Bewusstsein angenommen. Ein Teil des gespaltenen Bewusstseins enthielt dieser These zufolge unterdrückte, verdrängte Vorstellungen und hing mit traumatischen Erlebnissen in der Kindheit zusammen. Um Verdrängtes ins

Bewusstsein zu heben, arbeitete die Psychoanalyse mit der Methode der Hypnose und der freien Assoziation.
Auch Träume verstand Freud als verschlüsselte Bilder des Unbewussten. Seine Deutungen von Träumen legte er in dem Epoche machenden Werk *Die Traumdeutung* (1900) nieder, das – ebenso wie das Phänomen der gespaltenen Persönlichkeit – die literarische Moderne inspirierte und zu besonderen Darstellungstechniken führte (→ Literarische Moderne). Freud selbst hat einen Zusammenhang zwischen seiner Traumtheorie und dem schriftstellerischen Schaffen gesehen und diesen in seinem Aufsatz *Der Dichter und das Phantasieren* (1908) dargelegt.
Die Schriften von Mach, Bahr und Freud genossen in Künstlerkreisen große Popularität und wurden von dort aus weiter verbreitet. Bei vielen Schriftstellern dieser Zeit, etwa Arthur Schnitzler, lässt sich eine intensive Auseinandersetzung mit den Schriften Freuds nachweisen; Franz Kafka fand zunächst einen eher indirekten Zugang über Gespräche im Freundeskreis und Zeitungsartikel, bis er 1917 den Psychoanalytiker Otto Gross (1877–1920) kennenlernte. Die Literatur dieser Zeit übersetzte die wissenschaftlichen Erkenntnisse und Thesen aber nicht einfach in literarische Bilder, sondern entwickelte in Auseinandersetzung mit ihnen auch eigene Theorien über die Konzeption des Ich.

Literatur

Ajouri, Philip: Literatur um 1900. Naturalismus – Fin de Siècle – Expressionismus. Berlin: Akademie Verlag 2009, S. 115–146.

Anz, Thomas: Vorwort. In: Ders. (Hg.): Psychoanalyse in der modernen Literatur. Kooperation und Konkurrenz.
Würzburg: Königshausen & Neumann 1999, S. V–IX.

Anz, Thomas: Die Seele als Kriegsschauplatz – Psychoanalyse und literarische Moderne. In: York-Gothart Mix (Hg.): Naturalismus – Fin de siècle – Expressionismus 1890–1918. München: dtv 2000 (Hansers Sozialgeschichte der deutschen Literatur. Bd. 7), S. 492–508.

Bahr, Hermann: Dialog vom Tragischen. Berlin: S. Fischer 1904.

Freud, Sigmund: Die Traumdeutung. Frankfurt a. M.: Fischer 1991.

Literarische Moderne

Der Begriff der literarischen Moderne wurde 1888 von dem Literaturhistoriker Eugen Wolff (1863–1929) etabliert. Die zahlreichen industriellen, politischen und gesellschaftlichen Wandlungsprozesse (→ Modernisierung und Kleinbürgertum um 1900) erfassten auch die Kunst und Kultur dieser Zeit. Themen dieses Modernisierungsprozesses wurden in künstlerischen Werken (meist kritisch) aufgegriffen oder reflektiert. Doch auch Kunstauffassungen und Darstellungsweisen änderten sich und zeugen ihrerseits von einer Modernisierung der Künste, die sich insbesondere in Großstädten wie Berlin, München, Prag und Wien vollzog – Orten, die zu Zentren der literarischen Moderne wurden.

Ebenso wie sich die Lebensverhältnisse stetig änderten, strebte auch die Literatur rasche Erneuerungsprozesse an, was sich darin zeigt, dass die Epoche der literarischen Moderne nicht – wie zuvor zum Beispiel der Realismus – auf ein Leitprogramm festgelegt war, sondern mehrere unterschiedliche literarische Strömungen wie etwa Naturalismus, Ästhetizismus und Expressionismus hervorbrachte. Was diese Stilrichtungen aber verband, war die Auflehnung gegenüber der als konservativ empfundenen Kunstauffassung des deutschen (bzw. des österreichischen) Kaiserreichs: Erschien der Realismus »den Naturalisten zu schön, um wahr zu sein, so erschien er den Ästhetizisten zu wahr, um schön zu sein.« (Plumpe 1996, S. 672) Insofern sind die Begriffe Sezession (lat. Abspaltung, Trennung) und Avantgarde (frz. Vorreiter [einer Bewegung]) Schlagwörter dieser Modernisierung – die Kunst wollte sich absondern, zu Neuem aufbrechen, und die einzelnen Strömungen überboten sich darin.

So distanzierte sich die Literatur von einem Kunstverständnis, das der Kunst die Aufgabe zuwies, im Schönen Wahrheit, Erkenntnis oder Moral zu vermitteln. Schriftsteller des Naturalismus wandten sich verstärkt Verhältnissen des Arbeitermilieus zu, die im Realismus weitgehend tabuisiert waren. Aber auch Themen wie Sexualität, Krankheit und Wahnsinn wurden in

den Blick genommen. Gottfried Benn (1886–1956) erklärte gar die sogenannte Ästhetik des Hässlichen zum Schaffensprinzip. Andere, wie Wilhelm Bölsche (1861–1939), widmeten sich dem Thema einer religiösen Erneuerung oder orientierten sich wie Gustav Frenssen (1863–1945) an der Programmatik einer (völkischen) Heimatkunst, die starken Absatz fand.
Besondere Bedeutung aber erhielt in der modernen Literatur das in die Krise geratene Ich (→ Ich-Krise und Psychologie), das Zweifel an (Selbst-)Wahrnehmung und objektiver Erkenntnis hegte. Beeinflusst wurden diese Texte vor allem durch philosophische, psychologische, aber auch naturwissenschaftliche Abhandlungen, die – wie die Psychoanalyse Sigmund Freuds (1856–1939) – das Rätsel Mensch zu ergründen suchten und – wie die Schriften des Philosophen Friedrich Nietzsche (1844–1900) – die gesellschaftlichen Verhältnisse jener Zeit kritisierten.
Der Wandel des Kunstverständnisses zeigte sich auch in einem eigenwilligen Umgang mit Gattungsnormen, die die Literatur des 19. Jahrhunderts geprägt hatten. Es entstanden Abweichungen und Mischformen wie das Prosagedicht, die die Abkehr von jeglicher normativen Poetik demonstrieren. Beeinflusst wurden die neuen Darstellungsformen auch von modernen Medien wie der Massenpresse. Hierunter versteht man die durch drucktechnische Verfahren möglich gewordene massenhafte Verbreitung insbesondere von Zeitungen und Zeitschriften, deren Schreibstil z.T. nachgeahmt wurde. Der Pluralisierung des literarischen Stils steht auf der Seite der Rezeption eine Veränderung des Publikums gegenüber. Dank der Durchsetzung der allgemeinen Schulpflicht gab es immer mehr Menschen, die lesen konnten. Dadurch erhöhte sich der Absatz von Literatur, der Buchmarkt expandierte. Insgesamt spricht man von einer »Pluralisierung der Trägerschichten von Literatur« (Ajouri 2009, S. 17), d.h. einem Anstieg der Zahl derer, die Literatur produzierten, rezipierten und vermarkteten.

Literatur

Ajouri, Philip: Literatur um 1900. Naturalismus – Fin de Siècle – Expressionismus. Berlin: Akademie Verlag 2009.

Kids Kultour (Gruler, Sabine/Wagner, Kirsten): Zeitklicks. 1890–1918 Kaiserzeit.
URL: http://www.zeitklicks.de/kaiserzeit/zeitklicks/zeit/kultur/ [zuletzt aufgerufen am 13.2.2015].

Mix, York-Gothart (Hg.): Naturalismus – Fin de siècle – Expressionismus 1890–1918. München: dtv 2000 (Hansers Sozialgeschichte der deutschen Literatur. Bd. 7).

Plumpe, Gerhard: Roman. In: Edward McInnes/Gerhard Plumpe (Hg.): Hansers Sozialgeschichte der deutschen Literatur. Bd. 6: Bürgerlicher Realismus und Gründerzeit 1848–1890. München, Wien: Hanser 1996, S. 529–689.

Scriba, Arnulf: Aufbruch in die Moderne (16.7.2014).
URL: http://www.dhm.de/lemo/kapitel/kaiserreich/kunst-und-kultur/aufbruch-in-die-moderne.html [zuletzt aufgerufen am 13.2.2015].

Metamorphose

Der Begriff Metamorphose bezeichnet allgemein zunächst eine Formveränderung, Umformung oder Verwandlung. In der Zoologie bedeutet er die Entwicklung vom Ei zum geschlechtsreifen Tier, die sich in selbständigen Larvenstadien wie beispielsweise beim Schmetterling oder Frosch vollzieht. In der Botanik spricht man dagegen von Metamorphose, wenn sich im Prozess der Evolution Grundorgane von Pflanzen ändern und andere Funktionen übernehmen, was zum Teil im Zusammenhang mit der Anpassung an veränderte Umweltbedingungen steht. Auch in der Geologie spricht man bei Gesteinsveränderungen (z. B. unter Druck oder veränderten Temperaturbedingungen) von Metamorphose, beispielsweise von der Umkristallisationsmetamorphose, bei der neue Minerale entstehen oder eine Verfeinerung der Gesteinsstruktur stattfindet (etwa Kalk in Marmor).

In der Literaturgeschichte ist die Metamorphose ein traditionsreiches Motiv, das sich schon im griechischen Mythos findet. Dieser erzählt von Verwandlungen von Menschen in Tiere, Pflanzen, Steine oder Wasser, etwa die Verwandlung der Nymphe Daphne in einen Lorbeerbaum. Die Verwandlungen erfüllen in den Geschichten unterschiedliche Funktionen: So dienen sie – wie bei Daphne – der Rettung aus einer Gefahrensituation (zum Schutz vor dem liebeshungrigen Apoll), der Belohnung für gute Taten (z. B. Philemon und Baucis) oder der Strafe. Sie können aber auch als Sinnbild für die Wiederauferstehung gelten (z. B. Narzissus). Hinter diesem Motiv steht die mythische Vorstellung, dass Grenzen zwischen Gattungen, Lebensformen usw. fließend sind bzw. nach dem Tod verschwinden.

Besondere Berühmtheit erlangten die *Bücher der Verwandlungen* (*Metamorphoseon libri*) des römischen Dichters Ovid (43 v. Chr.–17 n. Chr.), die vermutlich im ersten Jahrzehnt n. Chr. entstanden sind und über 200 Sagen über Verwandlungen in 15 Büchern in Versform verarbeiten. Die literarische Gestaltung von Metamorphosen findet sich auch in der altnordischen Dichtung und in den Märchen vieler Völker (z. B. *Der Froschkönig*). Als literarisches Motiv wirkt sie durch alle Epochen bis in die Gegenwart, neben Franz Kafkas Erzählung *Die Verwandlung* auch in Eugène Ionescos Drama *Die Nashörner* (1959) und Michail Bulgakows Roman *Der Meister und Margarita* (verfasst 1928, veröffentlicht 1966).

Monika Schmitz-Emans stellt die These auf, dass das Interesse der Autoren an diesem literarischen Motiv »mit Erfahrungen der Desorientierung, des Schwindels, der Irritation über die Nicht-Feststellbarkeit des Wirklichen« (Schmitz-Emans 2008, S. 11) in Verbindung steht (→ Literarische Moderne; Ich-Krise und Psychologie).

Literatur

Daemmrich, Horst S./Daemmrich, Ingrid G.: Themen und Motive in der Literatur. Ein Handbuch. 2. Aufl. Tübingen: Francke 1995, S. 255–257.

Schmitz-Emans, Monika: Poetiken der Verwandlung. Innsbruck, Wien, Bozen: Studien-Verlag 2008 (Comparanda. Bd. 12).

Ullrich, Jessica/Ulrich, Antonia (Hg.): Metamorphosen. Berlin: Neofelis 2013 (Tierstudien. Bd. 4).

Zgoll, Christian: Phänomenologie der Metamorphose. Verwandlungen und Verwandtes in der augusteischen Dichtung. Tübingen: Narr 2004.